Mémoire et réussite scolaire

Extrait de notre catalogue :

Alain Lieury

Mémoire et réussite scolaire

NOUVELLE ÉDITION
REVUE ET CORRIGÉE

DUNOD

illustration de couverture :
Franco Novati

ISBN 2-10-001749-7

ISBN 2-10-000029-2

Ce livre est dédicacé à
Julie, Sakima, Johana, Laïla,
Cyril, Miguel et tous les élèves du
Collège des Hautes Ourmes...

REMERCIEMENTS

Ce livre est le résultat de recherches réalisées sur plusieurs années et auxquelles sont associés de nombreux étudiants de licence, maîtrise de Psychologie et de Sciences de l'Éducation, notamment Pascale Trebon, Catherine Clinet, Nancy Le Nouveau, Sophie Brulé, Nathalie Mancel, Isabelle Lasson, Marielle Clevede, Françoise Bocquet et bien d'autres que j'ai mentionnés en note, tout au long de l'ouvrage.

Ces recherches n'auraient pu se dérouler si elles n'avaient été le fruit d'un travail d'équipe sur le terrain scolaire avec des collègues qui ont permis une expérimentation régulière et une assistance importante : en tout premier lieu Paul Durand, Principal adjoint du Collège des Hautes Ourmes de Rennes, d'une disponibilité «à toute épreuve» à l'égard des élèves comme des expérimentateurs, responsable de l'environnement expérimental (expérimentateur lui-même pour les cartes de Géographie, au chapitre 5) ; et Marcel Baron, Principal de ce collège, soucieux d'une démarche scientifique et qui a permis une convention de recherche entre le collège et le laboratoire.

D'autres collèges ont été impliqués dans d'autres expériences, le collège Georges Brassens au Rheu, le collège de Saint-Hélier à Rennes, entre autres.

Jean Brun, directeur-adjoint à l'École Normale a été la source de nombreuses informations et le proviseur du lycée de la Poterie de Rennes nous a aimablement permis des recherches sur les manuels de la Seconde à la Terminale. De nombreux professeurs ou principaux des collèges des Hautes Ourmes, des Ormeaux, d'Échange, de la Binquenais, de Jean-Moulin à Rennes et de l'Ille-et-Vilaine, au Rheu, Tremblay, Liffré, Romillé, Saint-Aubin d'Aubigné, se sont associés à notre recherche sur le vocabulaire en classe de Sixième comme notateurs ou par des rencontres pédagogiques.

J'ai régulièrement bénéficié d'une aide compétente et dévouée de Mohammed Bernoussi, moniteur de l'enseignement supérieur, pour la saisie informatique des données et les analyses statistiques, et tout aussi régulièrement de l'aide de ma femme Marcelle comme candide permanent grâce à qui le lecteur bénéficiera d'un texte moins technique. Les éditeurs doivent être associés également à cette recherche de clarté et vulgarisation scientifique. Je serais un père indigne si je ne remerciais pas Cécilia pour son aide dans le dépouillement des tests, Virginie qui m'a inspiré pour des expériences et des titres, et bien sûr Sabine dont les «aventures» dans le domaine de l'apprentissage font l'objet du premier chapitre.

Enfin, certaines idées de recherche m'ont été inspirées de questions ou de discussions lors de conférences ou de stages auprès de différents publics, parents, institutrices, instituteurs spécialisés en formation et professeurs, groupes ou réseaux de recherche pédagogique, dont l'enthousiasme entraîna la réflexion non pas en terme d'échec mais de réussite scolaire...

TABLE DES MATIÈRES

INTRODUCTION

Ce sacré Charlemagne qui a eu l'idée folle d'inventer l'école fit venir le théologien anglo-saxon Alcuin comme conseiller en matière pédagogique[1] :

> **Charlemagne** : Que vas-tu me dire maintenant de la Mémoire, que je pense être la partie la plus noble de la rhétorique ?
>
> **Alcuin** : … La mémoire est la salle au trésor de toutes les choses et, si l'on n'en fait pas la gardienne de ce que l'on a pensé sur les choses et sur les mots, nous savons que tous les autres dons de l'orateur, quelque excellents qu'ils puissent être, seront réduits à rien.

Le drame de l'amnésie dans la maladie d'Alzheimer montre en effet que nos capacités mentales peuvent être réduites à néant si la mémoire est détruite. Mais en dépit des démonstrations choc de certaines maladies et malgré un siècle de recherche dans ce domaine, la mémoire a souvent mauvaise presse et est cantonnée dans la qualification dévalorisante d'«apprentissage par cœur». La mémoire ne servirait à rien, il suffit de comprendre. Et si l'on invoque à raison diverses causes de l'échec scolaire, il est rare qu'on le mette en relation avec les mécanismes de la mémoire.

Pourtant, toutes ces connaissances, ces milliers de pages que devraient dévorer nos élèves, n'est-ce pas la mémoire qui doit en être le dépositaire… ?

1. Yates. *L'art de la mémoire*. Gallimard, 1975.

Maman, je sais !!!

I. LES MÉCANISMES DE L'APPRENTISSAGE

1. LA MÉMOIRE EST-ELLE UN MAGNÉTOPHONE ?

«Maman, je sais !» Combien de fois les parents n'ont-ils pas entendu ce refrain. Et pourtant, les résultats sont là : 11/20 voire 6/20.

> «Mais, je suis sûr(e) que je savais ; c'est la prof qui note dur ; d'ailleurs, il n'y a pas que moi, presque toute la classe a une mauvaise note ; je suis sûr(e) qu'à la maison je savais ...»

À vrai dire, que se passe-t-il au cours d'un apprentissage ? La mémoire de l'enfant est-elle un magnétophone qui enregistre définitivement en une fois ? Pour le savoir, il suffit d'expérimenter. Le médecin met-il le bras dans le plâtre avant de faire une radiographie ? L'agronome met-il n'importe quel engrais sans analyser le terrain ? Un neurochirurgien va-t-il pratiquer une opération du cerveau sans faire un scanner ? Le psychologue scientifique fait de même, il veut analyser avant d'avancer des interprétations.

Sabine en vacances chez Botticelli

Voici l'exemple concret de l'apprentissage de trois leçons d'Histoire, puis de trois leçons de Géographie par Sabine. Sabine est une bonne élève de quatrième, elle a treize ans et demi, elle aime l'Histoire. Les leçons sont tirées d'un livre de cinquième : il ne devrait donc y avoir aucun problème majeur. Et cependant, nous allons voir que la mémoire n'a rien d'un magnétophone.

Profitant d'une période de vacances, Sabine me prête son concours et accepte d'apprendre une leçon d'Histoire et une carte de Géographie à raison d'une séance d'apprentissage par jour pendant trois jours. La leçon comprend une page d'un manuel et les mots à rappeler de cette leçon sont soulignés comme dans l'exemple suivant :

La civilisation musulmane

1. *Des progrès décisifs*

1.1. «Chercher la science du berceau jusqu'à la tombe», dit le Coran. Grâce à la situation géographique de leur empire, les Arabes connaissent les découvertes scientifiques gréco-romaines, perses, indiennes, chinoises et y ajoutent leurs propres recherches. Les dirigeants, tel le calife de Bagdad Al Mamun, protègent les savants. Les universités du Caire et de Bagdad attirent des milliers d'étudiants. Leurs bibliothèques regorgent de manuscrits grecs et égyptiens que l'on traduit en arabe.

1.2. Les Arabes réalisent des progrès décisifs. Les chimistes distillent l'alcool et produisent des sirops ou des élixirs. Les médecins, comme Avicenne au XIe s. et Averroès au XIIe s., savent ligaturer les artères, anesthésier au haschich et pratiquer des opérations sur les yeux. Les astronomes observent les étoiles, le soleil et la lune ; ils améliorent la mesure du méridien terrestre.

Les géographes Ibn Hauqal, et les voyageurs (Ibn Battuta) améliorent la connaissance du monde : ils visitent l'Afrique et l'Asie dont ils dressent des cartes et font des descriptions précises. Les mathématiciens étudient l'algèbre (le mot est d'origine arabe : al djabr) adoptent le zéro et les chiffres que nous appelons arabes, mais qui ont été en fait inventés par les Indiens.

2. *L'architecture*

2.1. Les Arabes construisent des forteresses, des palais, des mosquées et aménagent de somptueux jardins. Ils bâtissent en pierre et en brique, utilisant la coupole héritée des Byzantins et de nombreuses formes d'arcs.

2.2. Les artistes inventent de nouvelles décorations car l'Islam interdit de représenter des êtres vivants sous forme d'images sculptées. La disposition des briques et des pierres fait jouer la lumière et dessine des motifs géométriques. Des incrustations de pierres, des revêtements de céramique ou de mosaïque garnissent les façades. Les architectes utilisent aussi des arabesques, des frises ou des phrases du Coran gravées dans le bois ou le stuc.

3. Une littérature variée

3.1. La langue littéraire est l'arabe, mais on écrit aussi en persan et en turc. Les savants exposent leurs recherches dans des traités de médecine, d'astronomie, de mathématiques ou d'histoire, et dans des dictionnaires. La poésie s'épanouit dans les cours princières où musiciens et poètes célèbrent les exploits des guerriers et chantent les plaisirs de l'amour.

3.2. De tous les recueils de contes populaires, le plus connu est celui des *Mille et une nuits* (Aladin, Ali Baba, Sindbad le marin...). C'est un recueil de récits d'origine perse, irakienne et égyptienne, contés par la princesse Shéhérazade à un roi de Perse durant mille et une nuits successives.

Une seule page était présentée et seuls, douze mots soulignés dans le texte étaient à apprendre.

L'apprentissage pour les deux autres leçons se limite de même à des listes de douze mots soulignés dans un texte :

HISTOIRE

Civilisation musulmane	*Chantiers italiens*	*Succession de Charlemagne*
Al Mamun	Giotto	Charles le Chauve
Avicenne	Brunelleschi	Lotharingie
Averroès	Donatello	Lothaire
ligaturer	Masaccio	Louis le Germanique
haschich	Fra Angelico	Verdun
Ibn Hauqal	Léonard de Vinci	843
Ibn Battuta	sfumato	Capétiens
le zéro	Botticelli	Hugues Capet
Byzantins	Léon X de Médicis	957
frises	Bramante	Ottoniens
stuc	Mantegna	Otton II
astronomie	Carpaccio	962

Sabine à Nan Shan

Pour la Géographie, trois cartes (photocopiées d'un manuel courant de cinquième) ont été utilisées pour l'apprentissage, l'Algérie, la Chine et l'Inde. Comme pour l'Histoire, douze mots soulignés étaient à apprendre. Il est néanmoins intéressant de noter le nombre total de noms présents sur les cartes utilisées, afin que le lecteur se rende compte de la complexité des informations soumises aux élèves : Algérie : environ 80 ; Chine : environ 100 noms (cf. chapitre 5) ; Inde : 30 (sans compter les mots désignant les ressources , textiles, machines…).

GÉOGRAPHIE

Algérie	*Chine*	*Inde*
Bejaïa	Irtych	Indus
Guelma	Harbin	Gange
Wahran	Tarim	Delhi
Djebel Aïssa	Lüda	Bangla Desh
Touggourt	Nan Shan	Calcutta
Djebel Toubkal	Zhengzhou	Ahmedabad
Tademaït (plateau du)	Salouen	Nagpur
Tindouf	Haïnan	Bombay
Mekerrhane (Sebkha)	Rangoon	Hyderabad
Ajjer (Tassili des)	Bengale	Bengalore
Tamenghest	Altaï	Madras
Iforhas	Oulan-Bator	Sri Lanka

2. LE TEMPS QU'IL FAUT POUR APPRENDRE

L'apprentissage portait chaque jour sur une leçon d'Histoire puis une leçon de Géographie. La leçon avec les mots soulignés était présentée pendant une minute, puis le rappel était testé par la technique du texte lacunaire : la photocopie du texte de la leçon était présentée mais les douze mots cibles (à apprendre) étaient effacés. Sabine devait rappeler ces mots sur une feuille de rappel dans un temps libre (environ deux à cinq minutes). Chaque fois que les mots n'étaient pas au complet ou mal orthographiés, la leçon était présentée pour un nouvel essai.

Au total, le premier apprentissage, l'Art italien et l'Algérie, a duré une heure, le second, la Civilisation musulmane et la Chine, quarante-cinq minutes et le troisième, la succession de Charlemagne et l'Inde, trente minutes. C'est un effet d'entraînement qui est assez général (techniquement, on l'appelle «transfert») : plus on apprend, mieux on apprend...

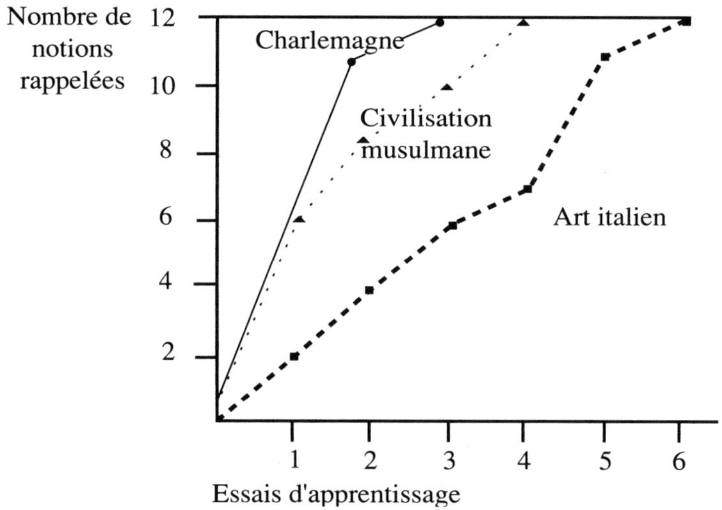

Figure 1 *: Nombre d'essais pour apprendre chacune des trois leçons d'Histoire*

La première leçon (l'art italien : figure 1) nécessite six essais d'apprentissage (en abscisse, c'est-à-dire sur l'axe horizontal du graphique), tandis que la deuxième leçon (civilisation musulmane :

le deuxième jour) n'en nécessite que quatre ; et enfin le troisième jour, la «succession de Charlemagne» ne nécessite que trois essais.

L'apprentissage sur la succession de Charlemagne a été plus facile pour Sabine qui se rappelait de plusieurs noms de cette leçon de sa classe de cinquième. Pour savoir parfaitement la leçon (atteindre la graduation de douze mots sur l'ordonnée : axe vertical du graphique), quatre à six essais sont nécessaires selon les leçons, disons approximativement cinq essais.

L'apprentissage des cartes de Géographie se faisait de façon analogue, en présentant la carte complète (photocopie du manuel) pendant une minute. Le rappel est testé par présentation de la carte lacunaire (les douze noms cibles sont effacés). Pour la Géographie (figure 2), on observe des résultats comparables à l'Histoire, la première carte (l'Algérie) nécessitant six essais et les deux suivantes (la Chine puis l'Inde) demandant cinq essais.

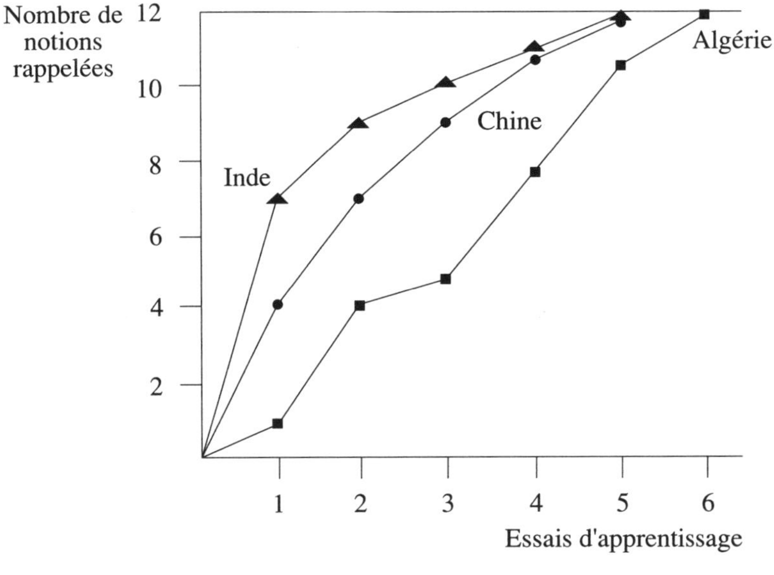

Figure 2 *: Nombre d'essais pour apprendre chacune des trois cartes de Géographie*

Les deux leçons, Histoire et Géographie, ont nécessité chacune cinq à six essais, soit un temps total d'apprentissage de quarante-cinq minutes à une heure. Et pourtant, ces leçons ne comportaient pas plusieurs pages, mais seulement douze mots chacune, soit vingt-quatre au total. On mesure sur cet exemple le temps d'apprentissage qu'il faudrait à un enfant qui a, comme devoirs du soir, plusieurs matières.

Sabine était en vacances, mais certains élèves (à la campagne ou dans les grandes agglomérations) ont une demi-heure à une heure de trajet scolaire le matin et le soir, ce qui représente des journées bien longues : pour un lever à 7 heures et des devoirs jusqu'à 19 heures (bien plus pour les élèves de classes supérieures), soit une journée de plus de dix heures (en enlevant repas et pauses), ce qui représente des fatigues que n'ont pas beaucoup d'adultes. *S'il existait un syndicat des enfants, il recevrait bien des revendications...*

3. «OH, J'AI TOUT OUBLIÉ»

À l'issue de chaque session journalière d'apprentissage, Sabine pouvait objectivement dire comme beaucoup d'enfants : «Maman (ou Papa), je sais». J'ai donc simulé ce qui arrive le jour de l'interrogation, en lui demandant le troisième jour en fin d'après-midi (six heures après la troisième séance d'apprentissage) de rappeler les trois leçons d'Histoire et les trois cartes de Géographie. Le temps écoulé entre la dernière séance et l'interrogation finale était de six heures (Charlemagne et l'Inde), de vingt-quatre heures pour la deuxième séance (Civilisation musulmane et Chine) et de quarante-huit heures pour la première séance (Art italien et Algérie).

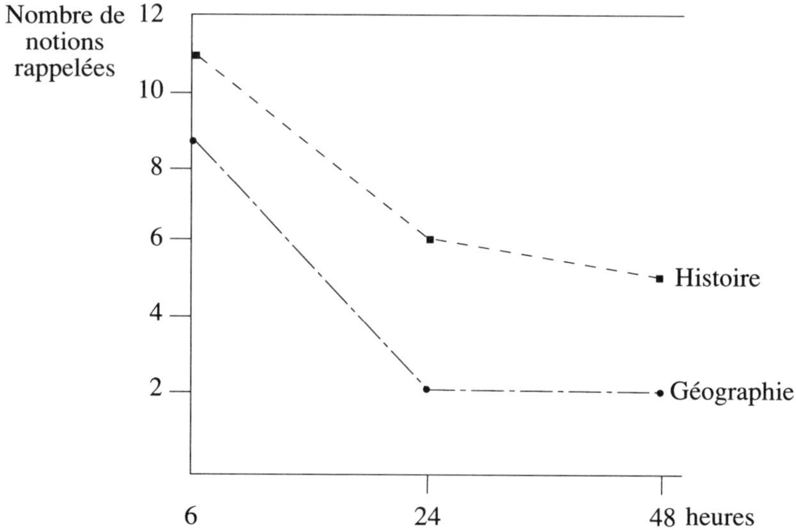

***Figure 3** : L'oubli des leçons de Sabine en fonction du temps écoulé*

Les résultats reflètent bien le découragement des élèves et des parents en de nombreuses circonstances. Le rappel est bon six heures après l'apprentissage, mais il chute à deux noms seulement pour la Géographie et à six pour l'Histoire au bout de vingt-quatre heures, c'est-à-dire le lendemain. Le rappel au bout de quarante-huit heures n'est pas pire, deux noms pour la Géographie et cinq pour l'Histoire (figure 3). En notes scolaires, Sabine aurait obtenu 3 et 8 sur 20.

Nous venons avec l'exemple concret (et réel) de Sabine de mettre en évidence l'une des lois les plus classiques de la mémoire : l'oubli, loi démontrée pour la première fois par le pionnier de la mémoire, Ebbinghaus en 1885. Depuis Ebbinghaus, qui expérimentait sur lui-même en apprenant des centaines de listes de syllabes sans signification, les chercheurs ont toujours retrouvé cette loi inexorable. L'oubli s'instaure infailliblement si l'on n'apprend pas régulièrement : *la mémoire n'est pas un magnétophone.*

Cependant les recherches récentes sur l'oubli ont montré qu'il ne fallait pas être trop pessimiste, l'oubli n'est pas un effacement, mais résulte plutôt de l'échec à récupérer des informations dans le vaste stock de la mémoire.

4. LA MÉMOIRE : UN ORDINATEUR DANS LA TÊTE

Les «Sixties», les années soixante, ne sont pas seulement célèbres par l'arrivée du rock, de la société de consommation et du phénomène «jeune», c'est aussi l'explosion d'une nouvelle science, l'informatique (ou cybernétique). Les ordinateurs deviennent puissants et des chercheurs d'avant-garde vont analyser la mémoire et les mécanismes psychologiques avec ce modèle : c'est la perspective du traitement de l'information. La mémoire n'est pas vue comme une fonction simple, mais comme un ensemble de multiples mécanismes permis par le fonctionnement complexe de nombreux systèmes. En prenant l'analogie de l'ordinateur, le souvenir est vu comme le code des informations ; la vocalisation est en quelque sorte l'imprimante de notre système ; l'enregistrement est considéré comme le stockage de fichiers et le rappel est vu comme la recherche d'un fichier spécifique (par exemple, un nom) parmi des milliers d'autres fichiers (Lieury, 1990).

Le rappel : mais où donc ai-je rangé ce livre !

Le rappel, c'est comme chercher un livre dans une bibliothèque sans aide, au hasard des rayons...

Dans une bibliothèque, les livres sont rangés à des places déterminées , les rayonnages, et la fiche contient leur «adresse». De même, les fichiers d'un ordinateur sont enregistrés dans un lieu déterminé sur une disquette, dans des pistes et secteurs (comme une chanson sur un disque).

Imaginons que je recherche une liste de douze «livres» (les douze mots de la liste à apprendre). Deux méthodes sont possibles, soit faire tous les rayons par matière pour trouver le livre, soit chercher directement chaque livre à partir de son numéro de classement, indiqué sur une fiche. Le fonctionnement de la mémoire est similaire. La recherche des livres au hasard des rayons ressemble au *rappel* (sur une feuille blanche) et l'accès direct par le numéro de classement ressemble à la *reconnaissance*.

La reconnaissance : le meilleur sondage de la mémoire

En effet, depuis longtemps déjà, les chercheurs de la mémoire avaient montré que la reconnaissance est une technique très efficace. Cette technique consiste tout simplement à repérer les mots cibles (appris) parmi des mots pièges.

Dans l'apprentissage de Sabine, un test de reconnaissance a été utilisé après le rappel : douze mots de chaque leçon étaient mélangés à douze mots pièges, pour chaque leçon ou carte. Sabine devait entourer les mots qu'elle reconnaissait ; dans cette technique, on donne 1 point pour toute bonne réponse (mot cible entouré), mais l'on note – 1 pour chaque mauvaise réponse (piège entouré) pour pénaliser les réponses au hasard : si la reconnaissance se faisait complètement au hasard, il y aurait autant de + 1 et de – 1, ce qui donnerait un total de zéro (ou très voisin de zéro).

On retrouve, chez Sabine, les résultats classiques démontrés en laboratoire : la reconnaissance est très forte puisque la quasi-totalité des mots appris a été reconnue (dix à douze mots ; ce qui correspond aux chiffres de 70 à 100 % obtenus de façon courante en laboratoire). Ce résultat est d'une très grande importance théorique et pratique.

Sur le plan théorique, les scores très élevés de la reconnaissance démontrent que la faible performance du rappel ne doit pas être interprétée comme un effacement de la mémoire, mais comme un échec à récupérer l'information.

Sur le plan pratique, deux conséquences en découlent :

1. Une évaluation doit comporter une technique de reconnaissance pour un sondage exhaustif de ce qui est enregistré en mémoire. La technique de rappel (fréquente en classe : l'interrogation sur une feuille blanche) mesure le degré d'organisation des mots entre eux (voir chapitre 5), ce qui est essentiel, mais ne représente pas toute la mémoire.

2. La reconnaissance me paraît être une technique intéressante pour lutter contre le découragement des enfants. Le trou noir devant la feuille blanche est décourageant, frustrant, surtout chez les enfants qui ont consacré du temps à apprendre. On voit bien sur l'exemple de Sabine, que celle-ci avait réellement appris, que ses capacités ou sa motivation ne sont pas en cause. L'oubli observé dans le rappel (figure 3) est tout à fait normal. Le trou noir n'est que le reflet de mécanismes naturels de la mémoire. L'élève ne doit pas se sentir diminué ou anormal. Face à des enfants en situation d'échec, la technique de reconnaissance devrait être largement employée, en comparaison avec le rappel, afin de montrer que leur mémoire est beaucoup plus puissante qu'ils ne l'imaginent...

Fiche pratique 1

1. La mémoire n'est pas un magnétophone, il faut plusieurs essais pour apprendre.
2. Le *rappel* est un accès difficile en mémoire : l'*oubli* est tout à fait normal.
3. La *reconnaissance* est la meilleure sonde de la mémoire : l'utiliser pour éviter le découragement.

Lapin,
l'ai-je vu ou entendu ?

II. LE VISUEL, L'AUDITIF ET L'AUDIO-VISUEL EN MÉMOIRE

«Nous arrivons à une question à laquelle on a attaché, il y a une vingtaine d'années, une importance peut-être exagérée. C'était l'époque où le professeur Charcot faisait ses belles leçons sur l'aphasie, ses leçons si claires, et doit-on ajouter, si schématiques. Le grand neurologiste français exerçait sur tous ceux qui l'écoutaient une influence impressionnante ; il insistait sur la pluralité des mémoires et sur leur indépendance chez les malades aphasiques. Il prononçait, non pas le premier sans doute, mais avec plus d'autorité que ses devanciers ces mots de *type visuel*, *type auditif*, *type moteur*, qui ont depuis lors un succès si retentissant dans le monde philosophique.»

«Bien que des études de ce genre aient surtout été faites sur des malades, on a cherché à les transporter dans le domaine de l'éducation. On a proposé de distinguer les écoliers en visuels, auditifs, moteurs ; on a même proposé de les grouper, suivant ces aptitudes, en classes différentes. Mais il semble que cet engouement a diminué, et on est arrivé aujourd'hui à une appréciation plus pondérée.»

Par le succès actuel de la séparation entre «auditifs et visuels» (de La Garanderie), on pourrait penser que cette citation est récente. Elle est au contraire très ancienne puisqu'extraite d'un livre d'Alfred Binet, le fondateur de la psychologie expérimentale en France, l'inventeur du premier test d'intelligence, dans son livre *Les idées modernes sur les enfants* (1909).

L'histoire est un éternel recommencement, à en juger par l'engouement de certains pour des idées tirées d'ouvrages de psychologie datant d'un siècle (Charcot, Dumas, etc). Ainsi certains auteurs semblent encore en faire un principe de base de leur pédagogie :

> «Charcot distingue trois types : le visuel, l'auditif, le moteur, que caractérise le mode d'enregistrement et d'évocation des connaissances. Notre propre observation nous conduit à confirmer qu'il existe bien des sujets qui ont pris l'habitude de n'évoquer leurs connaissances qu'avec des images visuelles ou auditives. Mais nous n'avons pas rencontré les images motrices [...] À notre avis, il n'y a que deux formes d'évocation, la visuelle et l'auditive.» (de La Garanderie, *Les profils Pédagogiques*, 1984, pages 85-86).

Fort heureusement, les images motrices existent, bien qu'il ne les ait pas «rencontrées» ; c'est l'immense domaine des apprentissages sensori-moteurs, de l'articulation, de la mémoire motrice et spatiale, du contrôle de la motricité, etc.

Le succès de la technologie de l'audio-visuel — télévision, ordinateur, visuophone, ordinateur de bord — a entraîné une grande quantité de recherches sur ces questions, surtout dans le domaine des télécommunications (plusieurs de nos recherches ont été réalisées pour le Centre Commun d'Études de Télévision et Télécommunications). Est-il plus efficace de présenter des informations visuellement ou auditivement, ou encore audio-visuellement (ce qui n'était pas d'actualité à l'époque de Charcot) ? Ou, par transposition en pédagogie, faut-il présenter la leçon en visuel ou en auditif ou en audio-visuel ? Les expériences de ce chapitre portent sur des jeunes étudiants de vingt ans, mais n'oublions pas que c'est ce type de mémoire qui va se construire chez les enfants au cours de leur éducation.

1. AU COMMENCEMENT ÉTAIENT... LES CODES SENSORIELS

Le cerveau fonctionne comme un ordinateur et entre le moment où l'information est captée sous forme d'énergie physique (photons, pressions des molécules de l'air, etc.) et le moment où nous rendons des informations mémorisées, l'information subit de très nombreuses transformations que l'on appelle codage, dans la perspective du traitement de l'information. Les étapes de codage sont extraordinairement variées, mais il existe quelques grandes catégories de codes, qui vont des codes sensoriels à des codes dont le plus abstrait est le code sémantique. Chaque code a ses caractéristiques et en particulier une «durée de vie» différente. Tout comme la musique n'a pas les mêmes caractéristiques (par exemple d'usure, sur un disque, une cassette ou un disque laser), la mémoire, au sens d'une conservation de l'information, a une durée variable selon le type de code.

En théorie, il existe autant de codes sensoriels impliqués dans la mémoire que de modalités sensorielles : visuelles et auditives, mais aussi articulatoires, motrices, tactiles, olfactives... Néanmoins certains codes sont difficiles à étudier : les odeurs, par exemple, dont le temps de pénétration et d'évacuation des molécules odorantes dure plusieurs secondes, voire minutes, temps supérieur aux mémoires sensorielles déjà connues (quelques secondes ou inférieur à la seconde). Par ailleurs, sauf handicap sensoriel spécifique, les modalités sensorielles les plus sollicitées pour la communication et le langage sont la vision et l'audition qui permettent de présenter des informations linguistiques sous formes de graphismes (ou pictogrammes dans les langages asiatiques) ou de sons.

En tant que systèmes perceptifs, la vision et l'audition sont les plus développées chez l'homme (beaucoup d'animaux ont un système olfactif plus performant), mais la vision est incomparablement plus complexe que l'audition. Le nerf optique, véritable câble de communication, contient par exemple un million de fibres, tandis que le nerf auditif n'en contient que 30 000 ; sachant que le système auditif nous permet d'entendre des univers sonores tel qu'un opéra, on imagine, par comparaison, l'effarante complexité du système visuel. La rétine, composée de 130 millions de photorécepteurs (pour 30 000 récepteurs dans l'oreille interne), fonctionne un peu comme un camescope et capte trois images par seconde, soit 10 000 par heure, 100 000 ou plus dans une journée. Pour synthétiser toutes ces images et les mémoriser, combien doivent être performantes les «mémoires» du cerveau, en grande partie tout le cortex occipital des deux hémisphères cérébraux !

Mais, de même que dans les très gros ordinateurs, le cerveau comporte de nombreux niveaux de traitement et relais, qui ne sont pas tous connus sur le plan neurologique (on connaît cependant la rétine, le thalamus, le cortex occipital...) ; mais nous savons, par des procédures psychologiques, que le graphisme du mot subit de nombreux codages.

Georges Sperling, des laboratoires de la Compagnie des téléphones Bell aux USA., a ainsi découvert l'existence d'un stockage sensoriel visuel, la mémoire «iconique», d'une durée de vie d'une fraction de seconde (moins de 500 ms : millisecondes).

On pourrait penser que ce très gros système visuel n'a pas une mémoire très efficace. En fait, ici, l'efficacité du système réside dans son extrême rapidité. Par exemple, pour présenter une succession d'odeurs, nous sommes obligés d'attendre quelques secondes pour que le nez ne contienne plus l'odeur précédente ; dans l'audition, il est très difficile de présenter des éléments à une vitesse supérieure à une demi-seconde (pour les lettres et à une vitesse supérieure à une à deux secondes pour des mots). En vision, mots ou dessins peuvent être présentés jusqu'à dix par seconde, en présentation successive et même à des centièmes de secondes pour des mots, dessins ou lettres, seuls ou présentés simultanément. Il faut pour cela des mécanismes biologiques d'une rare précision avec des neurotransmetteurs communiquant l'information d'un neurone à un autre, d'autres (dopamine) qui tracent une frontière précise en inhibant des neurones et «des enzymes gloutons» qui mangent les retardataires, afin de permettre très rapidement de nouvelles stimulations. Si ce système était associé à une «bonne» mémoire, alors les images se mélangeraient entre elles, ce qui se produit aux vitesses rapides de vingt-cinq images par seconde du cinéma et de la télévision, donnant l'illusion de mouvement. Voilà pourquoi, paradoxalement, la mémoire visuelle sensorielle est éphémère...

2. VISUEL, AUDITIF ET AUDIO-VISUEL : QUEL EST LE PLUS EFFICACE ?

Contrairement à ce que beaucoup pensent, c'est le code auditif qui est supérieur au code visuel pour la mémoire, mais seulement à court terme (quelques secondes). Au-delà, les performances sont les mêmes, quelle que soit la modalité, visuelle ou auditive, ce qui montre que ces codes sensoriels sont éphémères et remplacés par d'autres, comme l'indiquent les résultats des deux expériences suivantes[1].

Pour ces deux expériences différentes, nous avons comparé la performance en mémoire selon les modalités visuelle et auditive de présentation (également audio-visuelle, mais les résultats sont les mêmes qu'en auditif). Le visuel est présenté sur un écran d'ordinateur ou sur une télévision, tandis que l'auditif est présenté par un casque Hi-Fi à partir d'un magnétophone.

Dans une expérience donnée, l'information à mémoriser était des messages courts de type informatique (par exemple, configuration insuffisante, code de fonction illégal, numéro d'unité dis-

1. Expériences réalisées avec Arlette Quilléré et Joseph Choukroun pour le CCETT et le CNET. De nombreuses expériences ont été réalisées dans ce domaine par des chercheurs anglais, américains et canadiens.

que illégal, etc.) ; quatre messages étaient successivement présentés toutes les cinq secondes, avec un rappel immédiat (juste après le dernier message). Dans l'autre expérience, des longs textes (d'une page) étaient présentés et la mesure de la mémoire consistait à présenter au sujet des phrases cibles du texte parmi des phrases pièges ne différant que par un synonyme. Voici un exemple de texte avec des exemples de tests.

LA MALÉDICTION DES PHARAONS

Le 3 mai 1892, un des gardiens de la pyramide de Chephren découvre un mort à l'intérieur de la pyramide. Il s'agit d'un jeune tailleur de pierre d'un village voisin. La police suppose que le tailleur de pierre était un pilleur de tombeau...

Exemples de tests :

— Un des surveillants de la pyramide de Chephren (piège)
— Un des gardiens de la pyramide de Chephren (cible)

— Il s'agit d'un jeune tailleur de pierre d'un village voisin (vrai)
— Il s'agit d'un jeune tailleur de pierre d'un hameau voisin (piège)

	Visuel	*Auditif*
COURT (messages)	48 %	56 %
LONG (textes)	45 %	46 %

NB : Les résultats en audio-visuel sont identiques à l'auditif

***Tableau 1** : Différences d'effet des modalités visuelles ou auditives selon la longueur de l'information (messages courts ou textes). (Lieury, Choukroun et Quilléré)*

Les résultats (tab. 1) confirment les autres recherches dans ce domaine. Pour les informations courtes ne nécessitant qu'un stockage à court terme, le code auditif donne des résultats supérieurs à ceux du code visuel. *À court terme, le code auditif est supérieur au code visuel.*

Mais lorsque les informations sont importantes comme dans un texte, ce qui est le cas le plus fréquent en pédagogie, les résultats sont équivalents. Comment expliquer cette curieuse équivalence, alors que ces codes d'entrée, visuel et auditif sont si différents ? L'anglais John Morton a été le premier à avoir trouvé l'explication : le graphisme ou le son des mots servent uniquement d'«entrées» dans un vocabulaire qui est la mémoire des mots connus. Cette mémoire est une sorte de «fichier informatisé» qui contient la fiche signalétique de chaque mot : graphisme, son, programme articulatoire, programme moteur d'écriture. Cette mémoire est appelée actuellement *mémoire lexicale*[1], car cette mémoire ressemble à un lexique qui répertorie tous les mots que nous avons appris.

À tel point que les mots non appris, ou phonétiquement peu ressemblants à notre langue maternelle, ne sont pas identifiés (reconnus comme familiers) dans notre lexique. Le temps pour décider si un mot est connu ou non (mesuré par un ordinateur lorsque le sujet appuie sur un bouton «oui» ou un bouton «non») est rapide pour les vrais mots, mais plus lent pour des *non-mots* (et des mots inconnus), fabriqués comme des mots, mais inexistants comme «palce», «talbe». Ainsi, nous serions bien embarrassés si nous avions une liste de mots japonais à apprendre et notre mémoire visuelle ne garderait pratiquement aucune information de cette liste. Nous apprenons facilement, uniquement parce que notre mémoire-bibliothèque (à long terme) est déjà bien documentée...

Une conséquence pratique fondamentale découle de ceci : les présentations visuelle ou auditive ne sont équivalentes que pour les mots bien intégrés dans la mémoire lexicale. En revanche, lorsque les mots sont inconnus ou peu connus, toutes les caractéristiques du mot sont obligatoires : visuelle/graphique, auditive/phonétique, articulatoire (prononciation du mot), ainsi que motrice (entraînement à l'écriture).

---

1. du grec «legô» : lire, dire.

Un mot inconnu pour l'enfant est un non-mot pour la mémoire lexicale. La meilleure présentation est alors l'audio-visuelle complétée par l'entraînement à répéter et à écrire le mot nouveau.

Ainsi, lorsque certains enseignements privilégient l'oral, la «fiche lexicale» du mot est incomplète en mémoire. Elle peut même être fausse si l'enfant écrit phonétiquement les mots sur son cahier, qu'il codera visuellement et reproduira. Par exemple, j'ai constaté qu'un enfant de Cinquième écrivait toujours «Sarrasins» avec un seul r ; quelques questions ont fait apparaître que le professeur avait dicté la leçon sur les invasions arabes sans écrire les mots nouveaux. La culture moderne des enfants est essentiellement auditive — radio, disque, télévision —, d'où le danger que le lexique soit essentiellement constitué de graphismes déformés, ce qui conduit à une orthographe phonétique.

En conclusion, en pédagogie deux cas se présentent :

1. *Mots connus* : la présentation visuelle ou auditive est *équivalente*, les codes sensoriels visuels et auditifs ne servant que d'entrées dans le lexique de la mémoire.
2. *Mots peu ou non connus* : les deux présentations sont nécessaires, visuelle pour la connaissance de l'orthographe, auditive pour la connaissance de la phonétique ; la présentation audio-visuelle est donc la *meilleure*. La pédagogie contemporaine a le choix entre de nombreux supports, tableau noir, livre, photocopie, télévision, diapositive, rétroprojecteur...

3. NOUS SOMMES TOUS DES AUDITIFS (À COURT TERME)

On peut donc déduire de tout ceci que l'on pourra se souvenir de mots appris (mémoire lexicale), mais qu'il sera très difficile de se rappeler si l'on a vu ou entendu ces mêmes mots (mémoire sensorielle). Si les codes sensoriels visuels et auditifs s'évanouissent rapidement, il est à prévoir que dans le cas d'une présentation mixte (visuel et auditif mélangés), on se rappellera de leur format sensoriel (visuel, auditif ou audio-visuel) uniquement à court terme[1].

Une liste de trente mots concrets et familiers (lapin, melon, astre, etc.) est présentée sur un écran de télévision, un mot toutes les trois secondes (temps de présentation courant dans les expériences de mémoire), selon trois modalités au hasard :

— *Visuelle* : seul le graphisme du mot apparaît, au milieu de l'écran : exemple : lapin.

— *Auditive* : l'écran reste vide, mais le son du mot est diffusé par le haut-parleur du téléviseur.

— *Audio-visuelle :* le graphisme est accompagné du son.

Afin d'éviter d'éventuelles inégalités entre les mots, on effectue ce qu'on appelle, en méthodologie, des contrebalancements : par exemple, *lapin* est présenté en *visuel* pour un sujet, mais est présenté en *auditif* pour un autre et en *audio-visuel* pour un troisième.

La mémoire est testée par une épreuve de reconnaissance dans laquelle chaque mot est présenté selon les trois formats visuel, auditif et audio-visuel, dans un ordre au hasard et mélangé parmi des mots pièges (nouveaux) présentés eux aussi sous les trois formats. Par exemple, *lapin* est présenté en reconnaissance sous les trois formats, le sujet devant décider quel est le format initial. Une reconnaissance se fait immédiatement après la présentation de la liste : c'est la reconnaissance à court terme. Pour un autre groupe, les sujets n'ont pas de reconnaissance à court terme, mais doivent revenir au laboratoire une semaine plus tard, pour l'épreuve de reconnaissance à long terme.

1. Expérience réalisée avec Catherine Buleon et Michèle Marivin.

	RECONNAISSANCE LEXICALE			
	Visuel	*Auditif*	*Audio-visuel*	*% moyen*
À court terme	68	78	76	74
À long terme	67	71	75	71

***Tableau 2** : Pourcentage de reconnaissance lexicale en fonction de la modalité de présentation*

La reconnaissance des mots indépendamment de leur format est appelée *reconnaissance lexicale* (tableau 2) alors que la reconnaissance du format de présentation est appelée *reconnaissance sensorielle* ; si, par exemple, le sujet reconnaît *lapin* en auditif, alors que ce mot lui avait été présenté en visuel, c'est une bonne réponse en reconnaissance lexicale, car il s'est rappelé du mot «lapin», mais c'est une mauvaise réponse en reconnaissance sensorielle, car il ne s'est pas rappelé que le mot avait été présenté en visuel.

En moyenne, la reconnaissance lexicale est très forte, environ 70 % (tableau 2) par rapport à la reconnaissance sensorielle, environ 33 % (tableau 3). En reconnaissance lexicale, les résultats sont d'une simplicité extrême, car le format des mots, visuel, auditif ou audio-visuel, n'a aucune importance à court terme ou à long terme (une semaine) ; les petites différences entre les conditions ne sont pas significatives dans un test statistique. Ces résultats peuvent s'interpréter simplement par le fait que tous les mots, quel que soit leur format initial, ont été recodés dans un code lexical à long terme, la mémoire lexicale.

Il en va autrement de la reconnaissance sensorielle. D'une manière générale, le score moyen est très faible (tableau 3). Sachant que le sujet a le choix entre trois formats, visuel, auditif ou audio-visuel, en répondant au hasard, il a une chance sur trois de donner une bonne réponse, 1/3 soit 33 %. *Seule la reconnaissance sensorielle est bonne pour le format auditif à court terme*, résultat tout à fait conforme aux recherches de ces trente dernières années.

	RECONNAISSANCE SENSORIELLE			
	Visuel	*Auditif*	*Audio-visuel*	*% moyen*
À court terme	35	61	39	45
À long terme	33	18	24	25

Remarque : 33 % = reconnaissance au hasard

Tableau 3 *: Pourcentage de reconnaissance sensorielle en fonction de la modalité de présentation*

Le code sensoriel visuel est trop éphémère (1/2 seconde au plus) pour que les sujets se souviennent de ce format. Le code auditif qui dure quelques secondes, permet seul une reconnaissance correcte. En revanche, au bout de huit jours, les codes sensoriels sont effacés, ce qui explique que le mode auditif a complètement perdu son avantage : aucun format sensoriel n'est correctement reconnu (au-dessus du hasard).

4. BEETHOVEN, UN GRAND «AUDITIF» OU UN GRAND «LEXICAL» ?

Et les auditifs et les visuels, dans tout cela ? Toute la psychologie repose sur l'étude de plusieurs individus, car l'étude des cas individuels est trompeuse. On pourrait attribuer à la multitude des aptitudes ou des caractéristiques qui ne seraient le fait que de rares individus. Peut-on dire que tous les individus se classent en auditifs et en visuels, parce que Mozart avait une mémoire auditive extraordinaire et que le Soviétique Veniamin pouvait apprendre visuellement des tableaux de cinquante chiffres ?

Il y a, le plus souvent, une grande majorité de cas moyens par rapport à une minorité de cas extrêmes, les géants, ou les nains. Certes, il faut prendre en compte les cas extrêmes, mais par des procédures spécifiques (par exemple, handicaps sensoriels). Mais un système pédagogique général ne peut être fondé sur les caractéristiques de quelques cas isolés ou rares.

Dans l'expérience précédente, pouvons-nous observer des auditifs et des visuels ? Un visuel, par définition, serait un sujet qui reconnaît plus de mots ayant été présentés visuellement et inversement pour un auditif. En réalité, certains sujets ne sont ni l'un ni l'autre, car ils ont un score égal en visuel et en auditif. D'autres n'ont qu'une différence d'un mot rappelé, ou deux ou plus. Les audio-visuels n'ont pas été pris en compte pour éviter de compliquer les choses...

Comme on s'en doute, à la vue des résultats précédents, la plupart des sujets (73 %) sont des *auditifs*, puisqu'ils rappellent plus de mots lorsque ceux-ci ont été présentés en auditif. Mais ils ne le sont plus bien sûr à long terme (13 % d'auditifs). On voit bien sur cet exemple, qu'il serait ridicule de classer les sujets en «auditifs» et en «visuels» car, pour la plupart, ce sont les mêmes sujets qui sont auditifs à court terme et ne le sont plus à long terme. Le cerveau dispose à la fois des mécanismes de codage visuel et auditif, mais la mémoire sensorielle auditive est un peu moins éphémère que la mémoire sensorielle visuelle. À court terme, nous sommes tous des auditifs ; à long terme, c'est le code lexical qui est essentiel. *Distinguer en pédagogie des élèves visuels et auditifs est complètement illusoire.*

L'analyse de la mémoire en terme de traitement de l'information comme dans un ordinateur montre bien qu'il faut dépasser le niveau de l'observation courante. Ainsi, pensait-on autrefois (du temps de Charcot) prouver l'existence d'auditifs et de visuels par des cas remarquables, en particulier les grands musiciens pour les auditifs. Mais, indépendamment de la puissance de la mémoire auditive d'individus d'exception comme Mozart, la mémoire musicale repose sur un code lexical spécial qu'on oublie trop souvent, *le solfège*. Si un musicien retranscrit de mémoire une mélodie, ce n'est pas en fonction d'images auditives pures mais avec sa mémoire lexicale faite de notes de musique comme sur une partition. Beethoven était sourd lorsqu'il a composé la Neuvième Symphonie. Était-il un grand auditif ou... un grand lexical ?

Fiche pratique 2

1. Le visuel et l'auditif sont des codes sensoriels éphémères.
2. Lorsque le mot est connu : le visuel ou l'auditif sont équivalents pour accéder à la «fiche lexicale».
3. Lorsque le mot est nouveau : tous les aspects sont nécessaires pour construire une «fiche lexicale» intégrée : l'orthographique, le phonétique, le vocal, l'écriture.

Avec un baladeur,
je suis le meilleur !

III. LE RÔLE DE LA VOCALISATION DANS LA MÉMOIRE

Siffler en travaillant... Comme les sept nains de Blanche-Neige sifflent ou chantent en travaillant, de nombreux élèves apprennent leurs leçons en écoutant de la musique ou même avec le fond sonore de la télévision. Cette pratique facilite-t-elle ou gêne-t-elle les apprentissages ?

1. BRUIT, MUSIQUE ET MÉMOIRE

Les recherches sur les environnements sonores et la mémoire ont commencé par étudier l'effet du bruit. Contrairement à ce que l'on pourrait attendre, le bruit ne semble pas gêner la mémorisation. Seuls les bruits intenses et chroniques entraînent des perturbations et déficiences physiologiques.

Confirmant l'absence d'effet du bruit, Pierre Salamé, chercheur au CNRS, au Centre d'Études bioclimatiques de Strasbourg, a entrepris d'étudier l'effet d'autres environnements sonores, la musique : instrumentale et vocale. Dans ses expériences, il fait apprendre à des sujets adultes des séquences de chiffres à rappeler dans l'ordre (technique de la mémoire immédiate) en fonction de différentes conditions d'écoute, musique instrumentale (Ravel,

Berlioz, le Pont de la rivière Kwaï, Offenbach), musique vocale (France Gall, George Brassens, Jean-Jacques Goldman et Rose Laurens) ainsi qu'en fonction d'une condition contrôle silencieuse. Voici le pourcentage d'erreurs de rappel en fonction de ces différentes conditions, ainsi qu'en fonction des types de musique :

	ENVIRONNEMENT SONORE				
	Musique vocale		*Musique instrumentale*		*Silence*
Pourcentage d'erreurs	F. Gall	48	Ravel	40	35
	Brassens	53	Berlioz	38	37
	Goldman	52	Kwaï	42	36
	R. Laurens	49	Offenbach	44	37
	Moyenne	50 %		41 %	36 %

Tableau 4 *: Pourcentage d'erreurs dans la mémorisation de chiffres en fonction de différents environnements sonores (d'après Salamé, 1988).*

Attention : il s'agit ici d'un pourcentage d'erreurs : il y a donc moins d'erreurs en «silence». Par la suite, nous prendrons un pourcentage de bonnes réponses : il y aura donc, inversement, plus de bonnes réponses en condition «silence».

Les résultats de cette expérience sont inattendus : seule, la musique vocale est gênante pour la mémorisation. La musique instrumentale ne diminue pas la performance de façon significative (c'est-à-dire différente de ce qui est prévisible par le hasard, d'après un test statistique) par rapport aux conditions d'apprentissage en silence. Dans la condition de musique vocale elle-même, les différents chanteurs ne produisent pas de variations notables : *c'est le vocal qui gêne*, non le style de chanson ou la voix du chanteur.

2. APPRENDRE EN ÉCOUTANT DES CHANSONS

Ces recherches ayant été établies sur la mémoire de chiffres, il convenait cependant de vérifier leur généralité à des situations plus variées de mémoire, ainsi qu'à des situations d'apprentissage sur le terrain scolaire. Aussi avons-nous entrepris différentes expériences[1] qui ont permis de confirmer les découvertes de Pierre Salamé. L'intensité du son en particulier, ne provoque pas de baisse particulière (de 55 à 75 décibels), mais c'est le vocal qui gêne...

Or beaucoup d'enfants apprennent leurs leçons avec le fond sonore de leurs chansons préférées ou parfois même, avec la télévision, soit par goût, soit parce que l'enfant travaille dans une pièce commune aux autres activités ; quelles en sont les conséquences pour l'apprentissage ?

Dans cette expérience réalisée sur six classes de Sixième, quatre épreuves sont constituées et sont présentées successivement aux élèves. Dans trois épreuves, Histoire, Français et Biologie, il y a mémorisation d'un texte d'environ une page, pendant un temps fixe de dix minutes, suivi d'un rappel en temps libre sous forme de questions (Histoire, Biologie) ou de texte lacunaire à remplir (pour le Français). L'expérience est complétée par une épreuve manuelle pour vérifier une précédente expérience où l'écoute vocale ne gênait que les tâches verbales et non les tâches imagées ou spatiales.

Le texte d'Histoire est un paragraphe d'environ vingt lignes de dix mots portant sur le programme d'Histoire de Sixième. Pour la généralité des résultats, trois textes sont utilisés mais distribués en parts égales dans chaque groupe, de façon à ce que les groupes aient les mêmes textes (La conquête romaine, l'Iliade et l'Odys-

1. Les expériences de ce chapitre ont été réalisées avec plusieurs collaborations, en particulier Paul Durand, Pascale Raoul, Jean-Paul Méssé, Sophie Brulé, Nathalie Mancel et Isabelle Lasson.

sée, Jules César en Gaule) ; cinq questions sont posées sur des connaissances du texte :

Par exemple :

De quelle déesse Jules César prétend-il descendre ?
Quel est le général rival de Jules César ?
etc.

L'apprentissage pour le Français porte sur un poème d'une dizaine de lignes dont le rappel est testé par un texte lacunaire, par exemple :

Les Sapins (Guillaume Apollinaire)

Les ...... en bonnets ......
De ...... robes revêtus
Comme des ......
...... leurs frères abattus
Les ...... qui sur le ...... voguent.
etc.

L'apprentissage pour la Biologie porte sur une page d'un texte et d'illustrations (L'hibernation des vertébrés. L'homme et les nuisances. Les sociétés animales) dont le souvenir est testé par des questions :

— Qu'est-ce qu'un hibernant partiel ?
— Quelles sont les incidences d'un pesticide ?
etc.

La tâche manuelle n'était pas une épreuve de mémoire et consistait à recopier le plus de fois possible un modèle (par exemple, un S tracé sur dix carreaux d'une feuille quadrillée).

La condition de musique vocale comportait, selon les groupes, l'audition d'une cassette de Jean-Jacques Goldman ou d'une cassette d'Elsa, qui étaient des vedettes des élèves de cet âge. Pour l'écoute de la télévision, deux programmes ont été enregistrés, une suite de publicités et un programme de Cosby Show, programmes également appréciés des enfants.

Au total, 102 élèves de Sixième ont participé à l'expérience, répartis en petits groupes d'environ dix à douze.

	ÉPREUVES				
Pourcentage de bonnes réponses	*Histoire*	*Français*	*Biologie*	*Travaux manuels*	*Moyenne (sauf manuel)*
Silence	50	83	66	42	67
Musique vocale	32	57	39	51	42
Télévision	28	41	44	44	37

***Tableau 5** : Effet de la musique vocale sur la réalisation d'épreuves scolaires*

L'apprentissage de connaissances (Histoire, Français, Biologie) baisse très fortement (67 % à 42 % ou 37 %) en condition d'écoute de la musique vocale ou de la télévision (tableau 5). Un test statistique n'indique aucune différence significative entre musique vocale et télévision, c'est donc le vocal qui gêne, quelle que soit sa nature. Par contre, le vocal ne gêne pas les travaux manuels.

> Si l'on convertit les résultats de la moyenne des enfants en notes familières sur 20, un enfant a 13 en moyenne lorsqu'il a appris dans le calme, mais il n'obtient que 7 ou 8 quand il travaille en écoutant ses chansons préférées ou avec le fond sonore de la télévision. Quelle méthode pédagogique «miracle» permettrait de faire mieux ? Voici une méthode pas chère et qui peut rapporter...

Quand les enfants ont appris dans le calme, les notes ont progressé de 5 à 6 points

Ce n'est ni le bruit ni la musique en soi qui perturbent la mémoire, ce sont les *paroles*. Les recherches sur la mémoire en laboratoire permettent de comprendre cet effet négatif du vocal dans les apprentissages verbaux.

Dans la lecture et la mémorisation (cf. chapitre 2), les mots de la leçon sont codés dans des systèmes sensoriels (codage visuel-graphique ou auditif si la leçon est entendue) puis dans le système lexical et dans une mémoire sémantique (*infra*). Si les activités sont codées par des systèmes différents, cela n'entraîne pas de déficit (comme si nous utilisions deux ordinateurs différents) : par exemple, écouter de la musique et faire une activité manuelle. Mais si le même système de codage est mobilisé pour deux activités, apprentissage et écoute vocale, il y a concurrence et diminution de l'efficience.

Fini l'apprentissage en musique avec baladeur, radio-cassette et télévision. Pour la mémoire aussi, le silence est d'or.

3. LA VOCALISATION ET LA RÉPÉTITION

Si les paroles des chansons gênent l'apprentissage, c'est qu'elles interfèrent avec une vocalisation naturelle associée à la mémorisation. En effet, de nombreux chercheurs ont montré depuis une trentaine d'années que la vocalisation est essentielle dans la mémorisation. Le rôle de la vocalisation a été étudié, entre autres, pour savoir si la lecture silencieuse était efficace. La lecture normale s'accompagne automatiquement d'une vocalisation, à voix basse chez l'enfant et intériorisée chez l'adulte. Dans ce cas, c'est la «*subvocalisation*» dont l'adulte n'est pas conscient mais qui peut être enregistrée par l'activité électrique des muscles du larynx. Cette subvocalisation (ou lecture à voix basse chez l'enfant) est-elle nécessaire ou est-ce une habitude que l'on peut supprimer ? Une manière aisée de supprimer cette subvocalisation est d'obliger le sujet à vocaliser autre chose : répéter des chiffres ou répéter lalalalala... En fait, ce qu'on dit importe peu, c'est d'occuper le système vocal qui est important (et l'on a vu que d'écouter la télévision produit un effet comparable). Tous ces chercheurs ont montré que la suppression de la vocalisation provoque une baisse de mémoire. Voici une illustration de la suppression de la subvocalisation dans l'expérience «Malédiction des Pharaons» (cf. chapitre 2) :

	Visuel	*Auditif*	*Audio-visuel*
Apprentissage normal	45 %	46 %	51 %
Suppression subvocalisation	21 %	32 %	30 %

Tableau 6 *: Utilité de la vocalisation dans la mémorisation (Lieury et Quilléré).*

Quelle que soit la modalité de présentation des textes (visuelle, auditive ou audio-visuelle), supprimer la subvocalisation produit une diminution importante de la mémorisation. La vocalisation est donc nécessaire à l'apprentissage. Elle permet notamment de continuer à répéter subvocalement (seul un enregistrement des potentiels électriques des muscles du larynx permet de s'en rendre compte chez l'adulte) à voix basse les mots que l'on apprend : c'est l'*autorépétition* (ou boucle vocale, figure 4). Enfin, pour les mots nouveaux, la vocalisation est certainement nécessaire pour construire le programme articulatoire, en particulier dans les langues étrangères et tout ce qui est lexical (morphologie du mot).

Apprendre sans comprendre ou comprendre sans apprendre ?

Les récitations à voix haute, tables d'addition et comptines paraissent bien désuettes de nos jours, mais sont certainement utiles pour le système lexical. L'abandon pédagogique de cet «apprentissage par cœur» (par répétition) est dû à l'observation qu'il n'y a pas toujours compréhension dans l'apprentissage par cœur (ce qui est exact). Mais les recherches en psychologie expérimentale et en neurologie ont montré que le verbal repose sur deux systèmes distincts, le *lexical* et le *sémantique*[1] (figure 4).

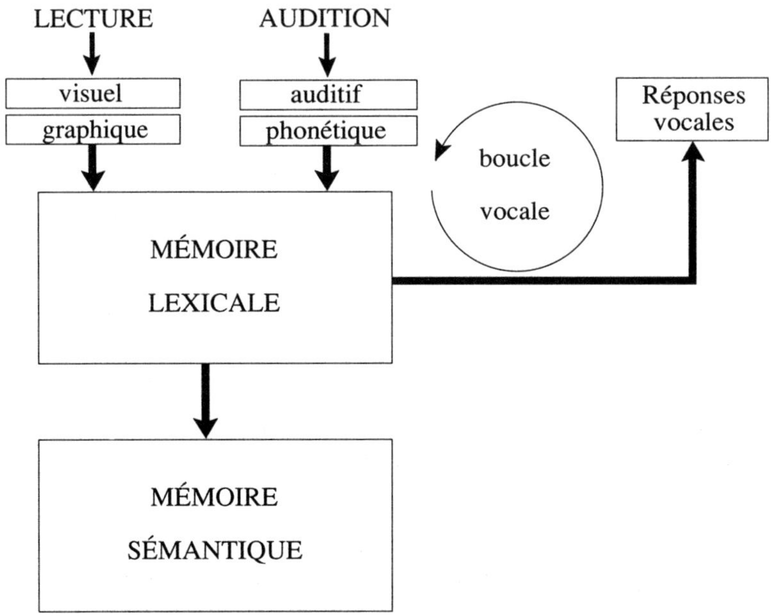

Figure 4 *: La mémoire représentée comme un ordinateur*

Les mots lus ou entendus sont codés visuellement, orthographiquement (ou auditivement et phonétiquement), puis sont enregistrés en mémoire lexicale avant d'être programmés par le vocal, l'«imprimante» de notre mémoire. Le traitement en mémoire sémantique est optionnel, ce qui s'observe lorsqu'un enfant lit sa leçon sans la comprendre.

Un phénomène de la vie courante permet d'observer cette distinction, c'est le phénomène du mot sur le bout de la langue : on conçoit une idée (mémoire sémantique) ou on pense à un personnage mais sans arriver à trouver le mot correspondant (mémoire

1. du grec «sêma» = signe.

lexicale). De même, lorsqu'on est fatigué, il arrive qu'on lise une page d'un livre sans la comprendre (l'enfant fait cela lorsqu'il «rabâche» sa leçon). Dans ce dernier cas, la boucle verbale lecture–mémoire lexicale–réponse vocale fonctionne seule sans la mémoire sémantique (figure 4). *La répétition est le «moteur» du système lexical et la compréhension est le «moteur» du système sémantique*, les deux systèmes sont complémentaires.

La vocalisation et la répétition sont indispensables pour la mémoire. Avec l'âge, la vocalisation s'intériorise : mieux vaut la valoriser que la supprimer.

Fiche pratique 3

1. Le verbal comprend deux composants :
   Lexical = vocaliser
   Sémantique = comprendre
2. Le vocal (musique ou télévision) gêne la mémoire.
   Il faut apprendre dans le calme
3. Subvocaliser est utile à la mémoire :
   Il faut le développer plutôt que l'empêcher.

Des images pour avaler les pages

IV. LE RÔLE DES IMAGES DANS LA MÉMOIRE

«Le premier qui ait ébauché la mnémotechnique est, dit-on, Simonide. L'histoire est bien connue. Il avait, moyennant une somme convenue, écrit, pour un athlète qui avait remporté le prix du pugilat, un de ces poèmes qu'il est d'usage de composer pour les vainqueurs ; on refusa de lui payer une partie de l'argent parce que, suivant la pratique commune des poètes, il s'était étendu en digressions où il célébrait Castor et Pollux. Aussi lui dit-on de réclamer cette part à ces demi-dieux, dont il avait chanté les exploits, et ils la payèrent si l'on en croit la tradition. En effet, un grand festin s'étant donné pour fêter cette même victoire, et Simonide étant invité au repas, on vint le chercher, parce que, disait-on, deux jeunes gens arrivés à cheval le réclamaient avec une vive insistance ; à dire vrai, il ne les trouva pas, mais la suite prouva la reconnaissance des dieux envers lui. En effet, à peine eût-il mis le pied hors du seuil, que la salle à manger s'écroula sur les convives et mêla leurs corps au point que, lorsque leurs proches voulurent leur donner la sépulture, ils ne purent, malgré leurs recherches, distinguer à aucun signe non seulement les visages, mais les membres des malheureux écrasés. Alors Simonide, se rappelant, dit-on, la place des convives à table, rendit leurs corps à leurs parents... Ce que fit Simonide semble avoir amené à l'observation que la mémoire est aidée par des cases bien marquées dans l'esprit.[1]...»

---

1. Quintilien, *Institution Oratoire*, traduction Bornecque, livre XI, Classiques Garnier.

1. SIMONIDE OU DESCARTES ?

La légende de Simonide, racontée par Quintilien, professeur de Droit au premier siècle de notre ère, est le début d'une tradition de mémoire des images qui continuera jusqu'à Descartes. Ce succès qui dura plus de 2 000 ans, de Simonide qui vivait au Ve siècle avant notre ère jusqu'au siècle de Descartes, s'explique en grande partie par le fait que les gens de l'Antiquité jusqu'à la Renaissance ne savaient pas lire et faisaient plus confiance à une mémoire des images. Cependant des charlatans comme Schenckel avaient exagéré les avantages de l'image et proposaient des méthodes absurdes que Descartes démystifia :

> «En parcourant les fécondes sottises de Lambert Schenckel, j'ai réfléchi qu'il me serait facile d'embrasser par l'imagination tout ce que j'ai découvert : à savoir, par le moyen d'une réduction des choses aux causes ; lesquelles toutes réduites finalement à une seule, il est clair qu'il n'est nul besoin de la mémoire pour toutes les sciences. Car, qui comprendra les causes, reformera facilement en son cerveau, par l'impression de la cause, des fantômes tout à fait effacés ; tel est le véritable art de la mémoire, tout à fait opposé à l'art de cet imbécile...» (*Cogitationes Privatae*, 1619-1621).

La pédagogie a subi, semble-t-il, l'influence du grand Descartes, et les images furent déconsidérées ; il n'y a pas si longtemps, les bandes dessinées et la télévision (indépendamment du contenu) étaient considérées comme une culture de deuxième ordre. Tout change avec le développement des médias basés sur l'image (cinéma, télévision) et certains chercheurs comme Allan Paivio, au Canada, Michel Denis en France se sont particulièrement attachés à l'étude de l'image. Ces recherches ont connu un tel succès que l'image est dorénavant l'objet de livres entiers et même de colloques spécialisés.

Simonide avait raison, l'image est efficace et l'information présentée sous forme imagée (dessins, images mentales) est plus efficace que présentée sous forme de mot, comme l'ont montré les premiers, Paivio, Fraisse, Denis.

Voici une expérience de notre laboratoire[1], représentative puisque portant sur une centaine (98) d'étudiants d'environ vingt ans. Des dessins familiers en couleur sont présentés un par un sur une télévision, au moyen d'un magnétoscope (il y en a seize : lunettes, réveil, serpent, poule, voiture...). De la même façon, une liste de seize mots également familiers apparaissent sur une télévision. La mémoire est testée soit par un rappel écrit (sous forme de mots pour les dessins), soit par une épreuve de reconnaissance en présentant sur écran, dessins et mots cibles mélangés à des pièges. L'expérience comporte au total cinq groupes de sujets avec cinq listes de dessins et cinq listes de mots, afin de s'assurer que les résultats ne dépendent pas de sujets, de mots ou de dessins particuliers.

	Mot	*Dessin*
Rappel	6,75 42 %	9,06 56 %
Reconnaissance	11,44 71 %	14,20 88 %

***Tableau 7** : Efficacité de l'image en rappel ou en reconnaissance (d'après Lieury et Trebon).*

Les images sont très efficaces en mémoire. Alors que le rappel moyen est d'environ sept pour les mots, il est d'environ neuf pour les dessins. La reconnaissance est également remarquable avec en général 90 % pour les dessins contre 70 % pour les mots.

Dans sa distinction entre auditifs et visuels, de La Garanderie confond comme beaucoup d'autres dans la vie quotidienne, *auditif* avec *verbal* d'une part et *visuel* avec *imagé* d'autre part (cf. chapitre II). Par exemple :

1. Expérience réalisée avec Pascale Trebon dans le cadre d'une recherche pour la société d'études pharmacologiques Biotrial.

> «A.V. aime apprendre par cœur ; il se récite ses leçons en évoquant auditivement les phrases [...] S'il veut en retenir la forme, il est obligé d'évoquer les mots qui la désignent : c'est un rectangle.» (pp. 126-127).[1]

Plus loin :

> «F.B. [...] évoque facilement les mots [...] Il apprend avec passion le vocabulaire. Il gère, donc, les mots auditivement» (p. 129).

Dans ce dernier exemple, la séquence «vocabulaire> donc> auditivement» semble être pour cet auteur une preuve démonstrative. Or le vocabulaire, nous l'avons vu, ne peut se réduire à l'auditif. Dans le développement normal de l'individu, au contraire, les caractéristiques orthographiques et phonémiques sont intégrées dans une mémoire-vocabulaire, le système lexical. Il y a donc confusion entre «auditif» et «verbal» (on dit «verbal» quand on ne dissocie pas par simplification lexical de sémantique).

Dans l'évolution culturelle d'un individu, la lecture prend une importance considérable. Chez l'adulte, la culture repose plus sur les livres, les revues, la presse (chez les scientifiques, la lecture se fait même le plus souvent dans les revues de langue américaine, sans équivalent auditif) de sorte que l'origine de nombreux mots n'est que visuelle. Avec les confusions terminologiques «auditif = verbal», on arriverait à la conclusion absurde qu'un visuel (lecture des mots) est un auditif (= verbal chez de La Garanderie). *Il faut donc impérativement dissocier les codes sensoriels, visuel et auditif (qui sont éphémères et n'ont pas d'intérêt en pédagogie) des codes symboliques, verbal et imagé.* Le verbal lui-même est complexe et comprend un code lexical et un code sémantique (cf. figure 4, *infra*, chapitre 3).

Dépassons cette confusion terminologique : existe-t-il des enfants ou des adultes qui sont plus verbaux ou plus imagés ? Sans doute, mais probablement peu d'individus ont une forte prédominance imagée ou verbale, car tous les individus possèdent à la fois des mécanismes verbaux et imagés. Pour la majorité, les

1. «Les profils pédagogiques», Le Centurion, 1984.

mécanismes imagés sont les plus performants. En voici l'illustration par la distribution de nos 98 sujets, en fonction de leurs scores de rappel immédiat pour les mots et pour les images (figure 5).

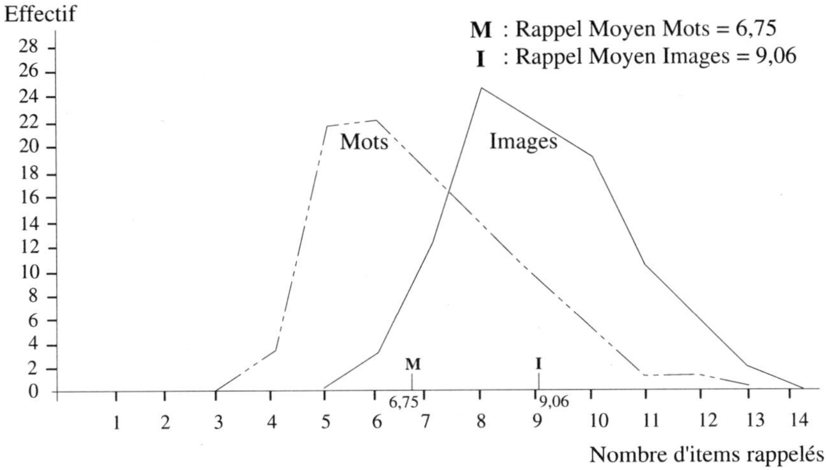

***Figure 5** : Distribution de 98 sujets de vingt ans, en fonction de leur score de rappel pour les mots et les images (Lieury et Trebon).*

Ce type de courbe s'appelle *distribution*, car elle répartit les individus selon leur score (on peut faire une distribution selon la taille, le poids…). La forme en «cloche» est courante en Biologie et en Psychologie différentielle (courbe de Gauss : nom du mathématicien ayant décrit mathématiquement cette loi) dans laquelle une grande majorité des individus, environ 70 %, ont un score autour de la moyenne. Une courbe de distribution se lit à l'envers d'une courbe normale. Dans une courbe ordinaire (courbe «causale» en quelque sorte), l'abscisse est la cause et l'ordonnée le résultat, par exemple dans les apprentissages de Sabine (chapitre 1) le nombre de mots rappelés est placé en ordonnée en fonction du nombre d'essais, placé en abscisse (axe horizontal) et l'on constate avec la montée de la courbe que le rappel augmente avec le nombre d'essais.

Dans une distribution, c'est l'inverse, puisque le score est en abscisse et le nombre d'individus (on dit *effectif* en statistique) est placé en ordonnée (figure 5) : par exemple, on lit que 22 sujets (en ordonnée) ont un rappel de 5 mots (en abscisse) ; 22 autres individus ont un score de 6 mots ; 20 un score de 7, etc. En additionnant sur cette courbe les sujets qui ont un score de 5, 6 ou 7 mots, on trouve 64 individus, soit environ 65 % des effectifs. Ainsi, 65 % des sujets ont un score proche de la moyenne à un point près (rappel de 5, 6 ou 7 mots). Le même phénomène s'observe pour les images avec 65 % des sujets ayant un rappel de 8, 9 ou 10 dessins.

Il s'agit d'un phénomène extrêmement général, puisque David Wechsler avait choisi pour normaliser ses célèbres tests, une courbe de Gauss standard (appelée *distribution normale*) où 68 % des sujets sont compris entre plus ou moins un écart type (mesure de l'écart à la moyenne) autour de la moyenne.

Certes, les sujets ont des scores très bas et d'autres des scores très élevés. Mais là encore, il faut être prudent et ne juger que sur plusieurs épreuves. Dans le cadre de la mise au point d'un test de mémoire[1], nous avons fait passer cinq tests équivalents à 14 jours d'intervalles sur deux mois et demi à 40 étudiants volontaires parmi les 98. Parmi eux, deux sujets eurent un score très bas puisqu'ils ne rappelèrent que 6 dessins (moyenne de 9 dessins) et deux sujets ont eu un score très élevé (13 ou 14 dessins). Mais cette faiblesse ou cette force n'est pas constante et tous les sujets retrouvent un score voisin de la moyenne au bout de plusieurs tests. Ce n'est donc que sur des épreuves répétées que l'on peut juger si un sujet est faible ou fort. En dehors de quelques cas particuliers, il n'y a donc pas lieu de faire des distinctions fines entre des individus qui seraient imagés ou verbaux, *la grande majorité des individus est plus performante dans le rappel des images.*

1. Expérience réalisée avec Pascale Trebon dans le cadre d'une recherche pour la société d'études pharmacologiques Biotrial.

2. LA MÉMOIRE DES SCHTROUMPFS

Les enfants sont souvent supposés avoir une meilleure mémoire que les adultes. Et pourtant l'expérimentation a montré que ce n'était pas le cas. Jean Piaget et Bärbel Inhelder ont bien démontré que la mémoire des enfants dépendait de leur niveau de développement cognitif ; par exemple, un enfant de trois ou quatre ans sera incapable de reproduire de mémoire une série de baguettes rangées de la plus petite à la plus grande : il dessinera la série en désordre, comme s'il l'avait vue ainsi. Piaget et Inhelder avaient donc conclu que le souvenir n'est pas une «copie» perceptive, mais qu'il y a codage de l'information.

La mémoire des images dépend donc des capacités de codage des enfants, comme nous l'avons montré dans une expérience de mémorisation d'images complexes[1]. 40 images à mémoriser sont présentées, soit à des enfants (18 enfants) de cinq à six ans d'une classe maternelle, soit à des adultes (18 étudiants) de vingt ans.

	RECONNAISSANCE	
	Immédiate	*Cinq semaines*
Enfants (5-6 ans)	46 %	14 %
Adultes (20 ans)	63 %	47 %

Tableau 8 *: Reconnaissance d'images complexes en fonction de l'âge (Lieury, Le Nouveau, Caillere et Delot).*

Ces images sont présentées toutes les cinq secondes et comprennent dix images de quatre séries de dessins animés connus des enfants (Donald Story, Robin des Bois, Inspecteur Gadget et les Schtroumpfs). Deux épreuves de reconnaissance ont été réalisées, l'une après la présentation, l'autre après cinq semaines. L'épreuve

1. Expérience réalisée avec Nancy Le Nouveau, Isabelle Caillere et Jacqueline Delot.

de reconnaissance comporte 120 images (avec trois images pièges par dessin cible).

Les enfants ont une performance très faible par rapport aux adultes en reconnaissance immédiate s'aggravant au bout de cinq semaines. Une part du faible score est due au grand nombre de fausses reconnaissances (jusqu'à 30 et 40 sur les 120 pièges), les enfants croyant reconnaître des images ressemblantes (certaines images comme les schtroumpfs sont très similaires) ce qui indique des confusions dans l'encodage perceptif. L'étude génétique de la perception montre, en effet, que les enfants n'ont pas de stratégies oculaires systématiques dans la comparaison de dessins identiques ou différents (exemple : façades de maison[1]).

3. LA VERBALISATION DES IMAGES CHEZ LES ENFANTS

Dans la plupart des situations, les dessins ne sont pas complexes et correspondent à des concepts simples (objet, animal, plante...). C'est avec ces concepts simples que les images sont toujours mieux mémorisées chez l'adulte. Chez l'enfant, l'image est généralement, mais pas toujours, mieux rappelée que le mot.

Si les dessins sont plus ou moins efficaces, c'est à cause d'un mécanisme que nous commençons à bien connaître (chapitre 3), la *vocalisation.* Paul Fraisse a été le premier à le montrer, en s'interrogeant sur le fait que la verbalisation (présentation orale ou vocalisation à voix haute) n'améliorait pas le rappel des dessins chez des enfants (9 ans ; tableau 9).

1. Voir Eliane Vurpillot. «Le monde visuel des enfants.» *La Recherche*, 1974.

	RAPPEL	
	Mots	*Dessins*
Condition normale	7,5	9,9
Verbalisation	7,6	9,8

Tableau 9 *: Rappel de dessins simples en fonction de la verbalisation (d'après Fraisse, 1970).*

En revanche, la verbalisation à voix haute améliorait le rappel de dessins complexes dénotant des relations (une fille cueille une fleur ; poisson dans un bocal). Fraisse a donc développé l'hypothèse selon laquelle la verbalisation était automatique et intériorisée (on peut souvent voir remuer les lèvres des enfants) pour les dessins simples mais pas pour les dessins complexes. La supériorité du rappel des dessins est due à un supplément de codage verbal et cette conception a été développée par le Canadien Allan Paivio, sous le nom de *théorie du double codage*. L'absence d'un codage verbal intérieur permet de comprendre que parfois les enfants ne rappellent pas mieux les dessins que les mots : la dénomination est loin d'être automatique chez les enfants, en particulier les plus jeunes.

Sur le plan pratique, ces découvertes sont fondamentales pour la pédagogie, car on peut en déduire que les informations imagées, dessins, schémas, photos, etc. ne sont pas plus faciles à mémoriser chez l'enfant si le codage verbal est difficile. On remarquera que les enfants sont attirés par la télévision ou les bandes dessinées, de contenus simples et courts (notamment les publicités), mais non par les documentaires longs et complexes.

Contrairement à l'opinion commune, la mémoire des images ne nécessite pas seulement des mécanismes imagés mais aussi des mécanismes de codage verbal.

4. LE CODAGE LEXICAL ET LE CODAGE SÉMANTIQUE DE L'IMAGE

Des recherches ultérieures, réalisées dans mon laboratoire, ont montré qu'on retrouvait la distinction entre codage lexical (la morphologie du mot) et codage sémantique (le sens) pour les dessins. Dans le codage verbal des dessins existent donc deux composantes, lexicale (vocalisation ou subvocalisation du dessin) et sémantique (identification du sens du mot sans le dénommer). Utilisant les possibilités de la vidéo, nous avons présenté[1] une liste de 30 items dans les sept formats possibles (210 mots et dessins ont été utilisés) avec les dessins, les mots, ou les mots avec les dessins (tableau 11). Les mots (seuls ou en plus des dessins) étaient présentés sous les trois formats possibles, visuel, auditif et audio-visuel. Pour l'essentiel, nous retrouvons des résultats antérieurs (Fraisse ou Paivio), les dessins sont supérieurs aux mots, mais les dessins accompagnés d'une verbalisation ne sont pas supérieurs aux dessins seuls : la mémorisation du dessin s'accompagne d'un codage verbal.

De plus, deux conditions ont été utilisées, normale et avec suppression de la subvocalisation (lalalala, cf. chapitre 3), ce qui est supposé empêcher le code lexical (ou l'abaisser très fortement). Dans cette condition (tableau 10), le rappel baisse de manière importante, ce qui indique le rôle de la subvocalisation également pour les dessins (rôle du codage lexical). Mais on remarque que le rappel des dessins reste néanmoins supérieur aux mots. Ce résultat curieux en apparence indique que les dessins bénéficient encore d'un code verbal, mais seulement sémantique (identification sémantique du dessin). Pour les dessins comme pour les mots, le codage verbal est composite et comprend un codage lexical et un codage sémantique.

---

1. Expérience réalisée avec Catherine Clinet et Pascale Trebon pour le CCETT (Centre Commun de Télévision et Télécommunications).

	Mot	*Mot + Dessin*	*Dessin*
Apprentissage normal	12,51	14,86	15,7
Avec suppression	9,58	12,50	12,70

Tableau 10 *: Effet de la suppression de la subvocalisation dans le rappel des mots et des dessins (Lieury, Clinet et Trebon).*

Les «sept portes» de la mémoire

Au total, nous sommes loin d'une distinction entre deux modalités de présentation, visuelle et auditive (et donc de types de différences individuelles). En se limitant aux possibilités usuelles de présentation de l'information (à l'exception donc de langages particuliers, braille, idéogramme...), on obtient sept combinaisons qui sont en quelque sorte les sept portes de la mémoire :

	NATURE DE L'INFORMATION		
	Mot	*Mot + Dessin*	*Dessin*
Visuel graphismes	1/ lecture	2/ bandes dessinées	3/ dessin photographie...
Auditif sons	4/ audition	5/ télévision	—
Audio-visuel graphismes + sons	6/ exposé audio-visuel	7/ audio-visuel + support imagé	—
Moyenne	12,51	14,86	15,7

Tableau 11 *: Les sept modes d'entrée des informations et leur efficacité en mémoire*

En conclusion, lorsque les enfants ont atteint le développement perceptif suffisant pour un encodage correct des dessins, c'est la verbalisation qui produit une supériorité de l'image sur le mot. Ce mécanisme est très général, de sorte qu'il n'apparaît pas nécessaire en pédagogie de distinguer des imagés ou des verbaux. Au cours du développement de l'enfant, sans doute y a-t-il intérêt à développer les stratégies de dénomination, puisqu'en définitive, c'est le double codage verbal-imagé qui est le plus efficace.

> Après avoir pénétré dans notre système cognitif sous forme de codes sensoriels éphémères, visuels et auditifs, l'information est transformée plus durablement en codes symboliques, le code imagé et le code verbal. De ces deux grands codes de la mémoire, le code imagé est le plus efficace mais c'est le code verbal qui lui donne sa supériorité. *L'un et l'autre sont donc indissociables.*

Fiche pratique 4

1. Les deux grands codes de la mémoire à long terme sont le verbal (lexical + sémantique) et l'imagé.
2. La mémoire des images augmente avec l'âge, car elle dépend des stratégies perceptives : il faut l'entraîner.
3. Les images sont supérieures aux mots, grâce à la verbalisation (double codage).

Ouzou ou Zhengzhou,
c'est où ?

V. CAPACITÉ ET SURCHARGE : L'EXEMPLE DES CARTES DE GÉOGRAPHIE

1. TOULOUSE, CAPITALE DU MASSIF CENTRAL !

Qu'elle est magnifique cette carte de l'URSS que l'on affiche dans la classe, les pays, les villes, les fleuves, les ressources... Il y a tout, le seul ennui est qu'elle déborde de noms.

Virginie a regardé pendant une minute une autre carte murale, le Massif Central, gorgée de couleurs et de noms. Après une minute, elle devait rappeler le maximum de noms : «Toulouse» fut sa seule réponse. Cette observation banale montre un aspect sous-estimé des apprentissages, la surcharge d'information empêche la sélection de l'information utile. Ce sont les connaissances antérieures enregistrées en mémoire à long terme qui permettent de sélectionner l'information utile ; pour l'enfant, tout est nouveau ou presque...

«Un schéma vaut mieux qu'un discours». Ce jugement peut être compris de deux façons. Un schéma est plus clair qu'un discours mais aussi un schéma peut contenir plus d'informations qu'un discours. Afin de fabriquer des cartes pour analyser l'apprentissage, j'ai été étonné de l'énorme quantité d'informations contenues dans de nombreuses cartes des manuels.

Le public voit souvent dans le chercheur un théoricien, mais l'expérimentation c'est le grossissement à la loupe de la réalité. Chercher, dans ce domaine, n'est pas spéculer sur la base de quelques témoignages d'élèves ou de souvenirs de sa pratique personnelle, c'est inventorier des centaines, voire des milliers de mots, sélectionner des dessins, calculer le temps de présentation, construire des bandes vidéo ou des questionnaires, passer l'expérience à des centaines de sujets, «dépouiller» des milliers de résultats, faire les calculs (facilités heureusement de nos jours grâce à nos fidèles collaborateurs les ordinateurs) et de tout cela, se dégage parfois une hypothèse ou une théorie (ensembles d'hypothèses). C'est donc un des mérites méconnus de l'expérimentation que de confronter le chercheur à la réalité : on descend vite du piédestal des idées.

Voici sur deux exemples, l'Algérie et la Chine (utilisées dans l'apprentissage de Sabine, chapitre I), le nombre de mots que l'on peut tirer d'une simple carte d'un manuel (en vigueur).

Algérie (et pays voisins)

Portugal, Espagne, Mer Méditerranée, El-Djazaïr, Alger, Tizi Ouzou, Bejaï, Bougie, Skikda, Philippeville, Annaba, Bône, Tunis, Guelma, Qacentina, Constantine, Stif, Sétif, Kabylie, Bordj Bou, Chott el Hodna, Batna, Djebel, Ghelia, Aurès, Beskra, Biskra, Tunisie, Chott meirhir, Touggourt, Atlas Saharien, Chott el Chergui, Saïda, Tiaret, Ech Chelif, El Asnam, Blida, Atlas Tellien, Mostghanem, Mostaganem, Wharan, Oran, Sidi Bel Abbès, Tilnicen, Tiemsen, détroit de Gibraltar, Rabat, Océan Atlantique, Djebel Aïssa, Ghardaïa, Grand Erg Oriental, Grand Erg Occidental, Béchar, Djebel Toubkal, Hamada du Draa, Tindouf, Gara Djebilet, Eglab, Mauritanie, tropique du Cancer, Tindouf, Tanezrouft, Azz el Matti, Sebkha, In Salah, plateau du Tademaït, Tassili des Ajjer, Hoggar, Mont Tahat, Tamenghest, Tamanrasset, Tassili du Hoggar, Adrar des Iforhas, Niger, Mali, Sahara, Maroc, Haut Atlas.

En omettant naturellement les altitudes (six niveaux sont discriminés) et la population des villes (cinq niveaux), la carte contient 78 informations.

Chine (et pays voisins)

URSS, Irtych, lac Baïkal, Heilongliang, Amour, lac Balkach, Altaï, Mongolie, Oulan-Bator, Grand Khingan, Qiqlhar, Songuaijiang, Harbin, Manchourie, Changchun, Fushun, Shenyang, Anshan, Corée du Nord, Pyongyang, Tangshan, Luda, Séoul, Corée du Sud, Tianjin, Beijing, Baotou, Nan Shan, Huanghe, Talyuan, Haihe, Jinan, Qingdao, Mer Jaune, Japon, Grand Canal, Zhengzhou, Lanzhou, Xi'an, Najing, Suzhou, Huaihe, Shangaï, Mer de Chine Orientale, Hangzhou, Wuhan, lac Poyang, Changliang, lac Dongting, Changsha, Chongqing, Nanling, Taipei, Taïwan, Guangzhou, Honk-Kong, Royaume-Uni, Kunming, Yunnan, Xijang, Yanlonggliang, Jinshaliang, Mékong, Salouen, Tseng Po, Himalaya, Anapurna, Katmandou, Népal, Everest, Thimbu, Bhoutan, Brahmapoutre, Dacca, Bengla desh, Inde, New Delhi, tropique du Cancer, Irawadi, Birmanie, Rangoon, Vientiane, Thaïlande, Krung Thep, Bangkok, Cambodge, Pnom Penh, Viet Nam, Laos, Hanoï, Haïnan, Mer de Chine Méridionale, Océan Indien, Sri Lanka, Colombo, Tian Shan, Kachgar, Tarim, Takla Makan, Tourfan, Gobi.

102 noms : à inscrire dans le livre des records !

Le simple temps à trouver un nom dans ces listes, par exemple Ouzou ou Zhengzhou, est un indicateur de la surcharge d'information.

2. LA MÉMOIRE EST-ELLE ÉLASTIQUE ?

La mémoire n'est pas un magnétophone, nous l'avons vu, mais il faut mesurer les choses comme les géomètres de l'Antiquité pour se rendre compte des réalités. Que mémorise-t-on en un seul essai, en une seule présentation ? Reprenons le cas de Sabine (bien entendu comme illustration concrète et non comme preuve, chapitre 1) et étudions sur chaque leçon ou carte les noms qui ont été rappelés :

	SESSION D'APPRENTISSAGE		
	I	II	III
Histoire	Art italien 2 notions	Civilisation musulmane 6	Succession de Charlemagne 6
Géographie	Algérie 1	Chine 4	Inde 7

Tableau 12 *: Nombre de notions rappelées après un seul essai dans l'exemple de l'apprentissage de Sabine*

Une constatation s'impose : non seulement la mémoire n'est pas élastique, mais elle a une capacité limitée, très limitée même, selon la nouveauté et la difficulté des mots (exemple : Algérie et Chine). Cette notion de capacité a une longue histoire, mais nous avons vu (chapitre 4) que pour les mots communs (déjà répertoriés dans le système lexical), elle est d'environ sept. Comme l'a bien montré Stéphane Ehrlich qui a beaucoup développé en France les recherches sur l'apprentissage verbal, la capacité reste relativement invariable pour des mots de plusieurs syllabes, pour des petites phrases familières de deux, trois, quatre mots (sans les articles) : le chat miaule, le jardinier arrose les jolies fleurs...

Le modèle de la mémoire-fichier (comme le fichier d'un ordinateur ou d'une bibliothèque) permet de comprendre la constance du chiffre sept. La mémoire à court terme fonctionne comme une sorte de fichier de travail disposant de sept unités-mémoire (environ neuf pour les images ; cf. chapitre 4). Dans le fichier d'une bibliothèque réelle, une fiche peut représenter un livre de 100 pages et une autre fiche occupant la même place peut désigner un dictionnaire de 2 000 pages. Quand une série d'informations verbales représente une seule fiche — mot de plusieurs syllabes, phrases de plusieurs mots, catégorie, etc. — elle n'occupe qu'une unité-mémoire, de même qu'un livre dans le fichier, indépendamment de son nombre de pages.

Mais qu'en est-il lorsque les mots sont nouveaux ? L'identification des mots repose sur des mécanismes complexes de codage graphique, phonologique et lexical (chapitre 2). Les chercheurs spécialistes de la perception des mots et de la lecture[1] montrent que la prononciabilité (familiarité phonétique) et que la légalité graphique (succession familière de lettres) sont des paramètres très importants, ce qui explique les difficultés supplémentaires rencontrées par les élèves (et étudiants) d'origine étrangère.

En conséquence, un mot nouveau ne représente pas une unité pour la mémoire : il est comme l'ensemble des pages détachées avant la reliure du livre ; cette fois, ce sont les syllabes ou même les lettres (par exemple, pour un mot complexe, chinois, etc.) qui constitueront les unités-mémoire.

En conclusion, la capacité de la mémoire à court terme est de sept (environ) pour les mots connus. Mais pour les mots nouveaux, ce qui est souvent le cas dans les apprentissages scolaires, la capacité sera plus faible et dépendra de leur complexité phonétique ou orthographique.

3. CATÉGORISATION ET OPTIMUM DE MÉMORISATION

C'est le Canadien Endel Tulving de l'Université de Toronto qui a le premier démontré que les mots n'étaient pas rappelés automatiquement, mais recherchés dans notre mémoire-bibliothèque en fonction d'indications, les *indices de récupération*. Avec Zena

---

1. Voir Rossi, *L'identification des mots écrits*, Presses universitaires de Lille, 1983 ; Rieben et Perfetti, *L'apprenti lecteur*, Delachaux et Niestlé, 1989.

Pearlstone (1966), ils ont fait apprendre des listes de mots groupés en catégories familières :

Animaux : poule, cheval, cochon, canard
Sports : rugby, tennis, natation, judo
Fleurs : rose, tulipe, lys, primevère

Selon différentes combinaisons, les listes peuvent comporter de 3 à 48 catégories. Deux modes de rappel sont comparés : le rappel libre standard (sans aide) et le rappel indicé, les sujets disposant des noms de catégorie sur la feuille de rappel. Le rappel indicé est généralement très supérieur au rappel libre. Pour expliquer ce résultat, Tulving propose une théorie selon laquelle les noms de catégories servent d'adresses pour retrouver les mots en mémoire, ce sont les indices de récupération.

Dans ce type d'expérience, on constate que les listes de trois catégories x quatre mots sont très efficaces, en permettant un rappel quasiment parfait sans même l'aide d'indices. Un autre chercheur, l'Américain Georges Mandler, a suggéré, en se basant sur le fait que 3 + 4 = 7, que ce cas particulier était dû au fait que la mémoire à court terme peut contenir 3 noms de catégories en laissant 4 unités-mémoire libres pour les 4 mots d'une catégorie. Selon cette idée, le rappel libre (figure 6) est un cas particulier de récupération dans lequel les indices sont contenus en mémoire à court terme ; on comprend dès lors pourquoi le rappel est en général si pauvre, c'est parce que la mémoire à court terme ne peut pas contenir beaucoup d'indices. D'ailleurs, dans la vie courante, on soulage la mémoire à court terme en indiquant ses réunions dans un agenda, ou… en faisant un nœud à son mouchoir !

Dans cette représentation schématique du processus de récupération, le rappel commence par la dernière catégorie mémorisée (Fleurs, dans notre exemple) ce qui permet d'effacer les «fleurs» et de «remplir» la mémoire à court terme avec une seconde catégorie, par exemple, les sports et ainsi de suite. La règle de ce «jeu» entre les deux mémoires est d'empêcher que la mémoire à court terme ne sature («déborde»). Si la liste est longue,

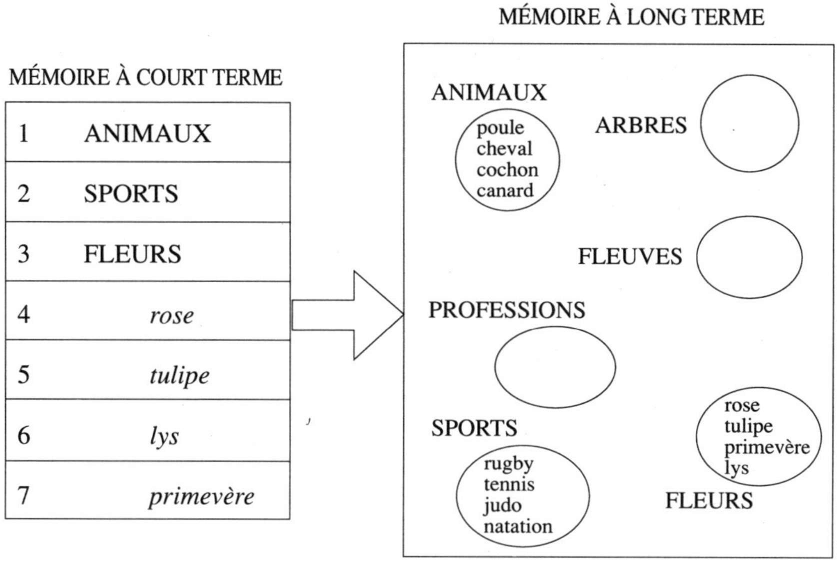

***Figure 6** : La mémoire fonctionne comme un ordinateur avec l'unité centrale (mémoire à court terme) et le disque dur (mémoire à long terme)*

Pour pouvoir rappeler, il faut garder en mémoire à court terme des indices, par exemple les noms de catégories, mais il faut garder de la place pour réceptionner les mots récupérés de la mémoire à long terme.

la mémoire à court terme peut déborder, soit parce qu'il y a trop de catégories, soit parce qu'il y a trop de mots par catégorie. La plus grande efficacité en rappel libre devrait en théorie être atteinte lorsque la liste ne contient pas trop de catégories ni trop de mots par catégories : c'est la notion d'*optimum*. Selon ce modèle (figure 6), l'optimum dépend de l'ordre d'entrée des catégories en mémoire ; mais pour simplifier, retenons que l'optimum est d'environ 4 catégories de 3 ou 4 mots. Il y aura «débordement» si le nombre de catégories est trop grand ou si à l'inverse, le nombre de mots par catégorie est trop grand, la mémoire à court terme n'est pas élastique.

En voici l'illustration dans une première expérience[1], sur des catégories usuelles (Animal, Fleur, Profession) réalisée sur des élèves de Cinquième. Dans six classes de vingt élèves chacune, on présentait pendant un temps égal (deux minutes, par rétroprojecteur) une liste de 24 mots mais structurée de façon différente dans des catégories[2] :

1 x 24 = 1 Catégorie x 24 mots de la même catégorie
(Professions)
2 x 12 = 2 Catégories x 12 mots par catégorie
(Professions/Vêtements)
4 x 6 = 4 Catégories x 6 mots par catégorie
(Professions/Vêtements/Corps humain/Légumes)
8 x 3 = 8 Catégories x 3 mots par catégorie
(Prof./Vêt./Corps/Légumes/Jeux/Couleurs/Transports/Fleurs)
12 x 2 = 12 Catégories x 2 mots par catégorie
(P/V/C/L/J/Co/T/F/Maison/Mammifères/Insectes/Fruits)
24 x 1 = 24 Catégories x 1 seul mot par catégorie
(les précédentes + Oiseau/Métal/Arbre/Meuble/Musique/Boisson, etc.)

Deux modes de récupération ont été étudiés sur tous les élèves : le rappel et la reconnaissance[3].

C'est dans le *rappel* (l'interrogation classique des élèves et des étudiants) que les phénomènes de surcharge et d'optimum peuvent

1. Les expériences sur les catégories et la carte d'Amérique ont été réalisées avec Marielle Clevede, avec la collaboration de Paul Durand, sur les élèves de Cinquième du Collège des Hautes Ourmes à Rennes.

2. Les catégories et les mots ont été choisis dans les associations catégorielles collectées par André Charles et Hubert Tardieu (1977), de l'Université Paris V.

3. Un troisième mode était étudié, le rappel indicé qui consiste à aider le rappel en donnant les noms de catégories : les résultats sont intermédiaires et n'ont pas été reportés ici par souci de simplification.

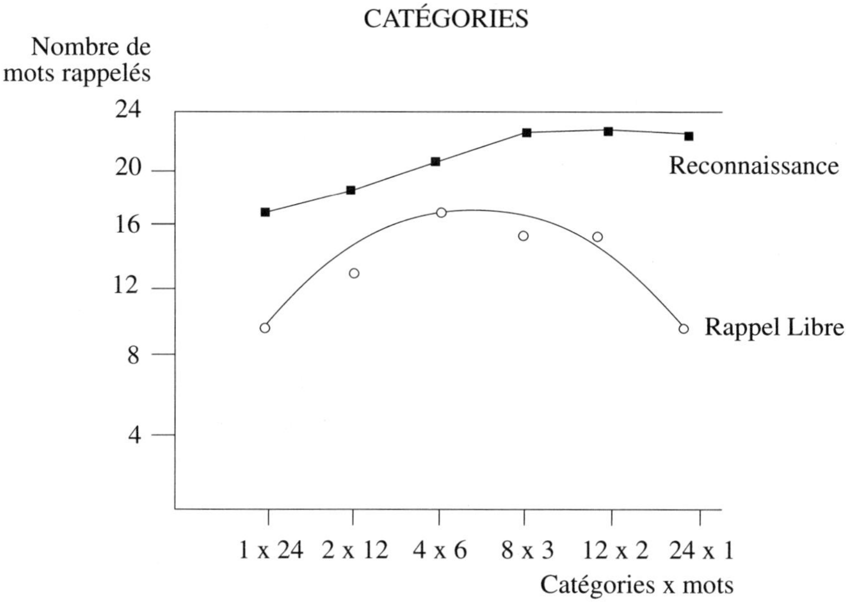

Figure 7 *: L'optimum de mémorisation est de 4 catégories de 6 mots*

Les listes contenant trop de mots (1 catégorie de 24 mots) ou trop de catégories (24 catégories de 1 mot) sont les moins bien rappelées, car elles font «déborder» la mémoire à court terme.

En reconnaissance, toutes les listes sont bien restituées, car il y a accès direct en mémoire à long terme ; la mémoire à court terme n'a pas à s'encombrer d'indices intermédiaires.

NB. Les petits cercles sont les résultats réels : c'est la courbe moyenne qui a été représentée.

être observés, puisque le rappel dépend entièrement des indices stockés en mémoire à court terme (sauf pour l'élève qui cherche des «indices» sur la feuille de son voisin ou sur une «carotte»...). Les résultats (figure 7) confirment pleinement la théorie par une belle courbe en parabole, que l'on appelle également courbe à optimum ; beaucoup de phénomènes psychologiques sont à optimum. Par exemple, l'effet de la motivation : un peu ce n'est pas assez, trop produit la fébrilité.

Lorsqu'il y a surcharge de la mémoire à court terme (24 mots dans une catégorie ou à l'inverse 24 catégories), la performance est la plus basse, environ 10 mots rappelés (on s'attendrait à 7, ce qui indique que des sous-catégories se sont constituées ; par exemple arbre + fleur = plantes). La catégorisation la plus efficace est la liste de 4 catégories, puisque le rappel est presque de 17 en moyenne (16,8). Avec une catégorisation efficace, le rappel passe donc d'environ 10 à 17 sur 24. Ceci est considérable : traduit en notes familières sur 20, l'optimum de catégorisation augmente la note moyenne de 8/20 à 14/20.

Dans la *reconnaissance*, qui consiste à retrouver les mots cibles mélangés à des pièges (cf. chapitre 1), il y a accès direct à chaque mot cible, mais individuellement sans qu'il y ait d'organisation entre les mots appris, un peu comme quelqu'un qui a la cote de chaque livre dans une bibliothèque. C'est le mode de récupération le plus efficace. Les résultats confirment à nouveau cette efficacité (figure 7). Le rappel varie de 17 mots reconnus (parmi des pièges des mêmes catégories) à 22 sur 24 mots, soit 70 à 90 % d'efficacité. La reconnaissance est plus faible pour les listes peu structurées (par exemple : 17 mots reconnus pour la liste 1C x 24), ce qui s'explique probablement par la moindre fréquence de certains mots lorsque la catégorie est grande (par exemple : pour la liste «profession», certaines professions sont sans doute peu connues des enfants : (ébéniste, zingueur).

4. LA SURCHARGE DANS LES CARTES DE GÉOGRAPHIE

Les pays dans une carte de géographie peuvent-ils servir d'indices catégoriels pour mieux mémoriser des noms géographiques, villes, fleuves, etc. ? Cela paraît aller de soi, mais c'est négliger l'insuffisance des connaissances géographiques des élèves (cette expérience est une suite de la précédente sur les mêmes classes de Cinquième). Les noms de villes n'étant pas tous connus des élèves, nous avons prévu un apprentissage en cinq essais.

Chaque essai était composé d'une présentation (deux minutes) de la carte sur rétroprojecteur, suivie d'un rappel libre. Les mêmes types de catégorisation ont été adaptés sur la carte de géographie de l'Amérique, en prenant des pays ou des États comme indices catégoriels ; par exemple, un pays de 24 villes est l'équivalent d'une catégorie de 24 mots (1C x 24) :

1 x 24 = 1 Catégorie x 24 mots de la même catégorie
(Amérique)
2 x 12 = 2 Catégories x 12 mots par catégorie
(Amérique du Nord/Amérique du Sud)
4 x 6 = 4 catégories x 6 mots par catégorie
(Canada/États Unis/Brésil/Chili)
8 x 3 = 8 catégories x 3 mots par catégorie
(Canada/Californie/Géorgie/Mexique/Colombie/Brésil/Chili/Argentine)
12 x 2 = 12 catégories x 2 mots par catégorie
(Alaska/Nouveau Québec/Californie/Utah/Colombie/Pérou, etc.)
24 x 1 = 24 catégories x 1 seul mot par catégorie
(Alaska/Yukon/Alberta/Oregon/Californie,etc)

On s'est efforcé, dans un souci d'équivalence, de prendre les mêmes villes (figure 8) sauf quand le découpage en catégorie nécessitait d'autres villes.

Figure 8 *: Exemples extrêmes de cartes utilisées*
1C x 24 et 24C x 1

L'ajout de pays comme indices catégoriels aboutit à une surcharge.

Contrairement à nos prévisions, le rappel de noms géographiques ne suit absolument pas une courbe à optimum, comme pour les catégories (tableau 13). Le meilleur rappel n'est pas obtenu pour la carte de 4 pays de 6 villes (4C x 6), mais au contraire pour la carte la moins catégorisée d'un seul pays «l'Amérique» (1C x 24 : 5,25 villes rappelées : tableau 13). La carte la moins efficace pour le rappel (3,55 villes rappelées) est la carte de 24 noms de pays ou États.

	TYPE DE CATÉGORISATION					
	1 x 24	2 x 12	4 x 6	8 x 3	12 x 2	24 x 1
Rappel libre	5,25	4,05	3,65	4,10	3,30	3,55

Tableau 13 *: Rappel des noms de villes en fonction du type de catégorisation pour les cartes de géographie*

Le rappel indicé consistait à donner aux élèves les cartes avec les noms de pays ou d'États, mais les élèves ne rappellent pas plus de villes pour autant (résultats comparables au rappel libre et non reporté dans le tableau). Parce qu'ils ne sont pas suffisamment connus (= enregistrés en mémoire à long terme), les pays ou États ne fonctionnent donc pas comme indices de récupération, mais comme des informations nouvelles à apprendre. L'exemple le plus instructif est celui de la carte de 24 x 1 qui revient à une carte de 48 noms, 24 noms de pays et 24 noms de villes, soit un total pour l'élève de 48 notions à lire et à apprendre. Les indices, noms de pays, qui pourtant n'étaient pas à apprendre, constituent de fait une surcharge pour la lecture et la mémorisation de la carte.

La carte de 24 pays de 24 villes (figure 8) est bien représentative (avec ses 48 notions) de la carte surchargée, comme dans notre observation concrète de Virginie face à la carte murale du Massif Central. *C'est donc une erreur pédagogique que d'éditer des cartes trop riches d'informations.* Certains professeurs disent : «Bien sûr, la carte (ou la leçon du livre) contient trop d'informations, mais je n'ai donné que quelques mots à apprendre...». La mémoire de l'enfant *ne sait pas sélectionner* les seuls mots utiles ; toute l'information supplémentaire est une surcharge.

Les effets de surcharge ne s'atténuent pas, mais au contraire s'aggravent, dans un apprentissage comme on le constate dans l'apprentissage en cinq essais (figure 9) des mêmes cartes (le rappel libre que nous venons de voir étant le premier essai).

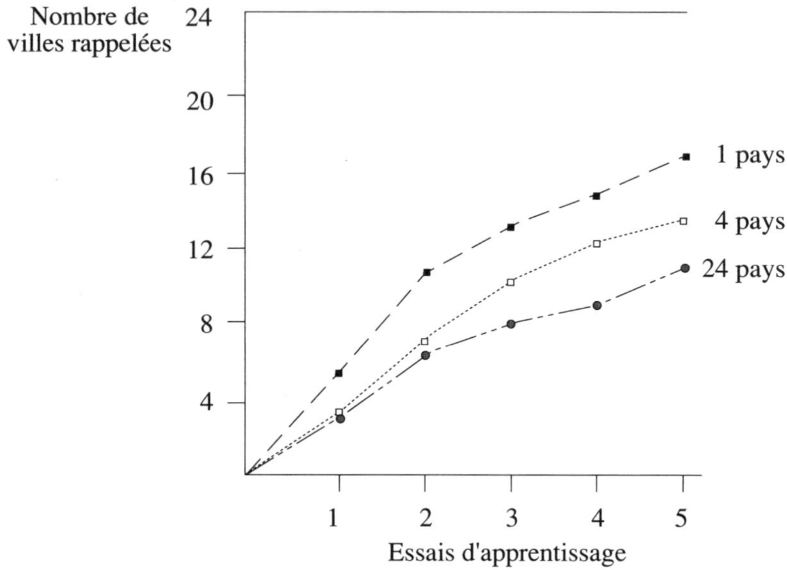

Figure 9 *: Effets négatifs de la surcharge sur l'apprentissage de cartes de géographie (Lieury et Clevede).*

La carte la mieux rappelée est la moins surchargée (un seul pays)

L'apprentissage en plusieurs essais accroît les différences entre cartes. En cinq essais, le rappel atteint 17 noms de ville pour la carte la moins surchargée (1C x 24), contre 11 noms de ville pour la carte la plus surchargée (24C x 1).

En notes scolaires, l'apprentissage de la carte peu surchargée donne 14/20, contre 9/20 pour la carte surchargée. Ajouter 24 notions (ici, les pays) même s'ils ne sont pas à apprendre, fait perdre 5 points sur 20.

Ces performances sont des moyennes, mais les différences individuelles sont grandes. En voici une illustration avec des cas extrêmes, d'un élève apprenant rapidement et d'un élève lent (figure 10).

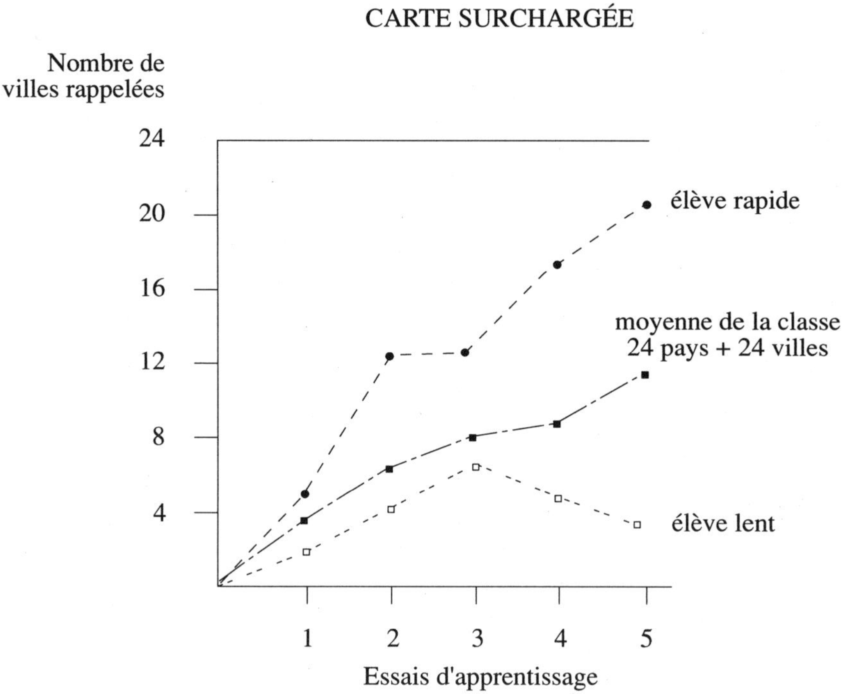

Figure 10 *: Exemples de différences individuelles avec le score d'un élève rapide et d'un élève lent dans l'apprentissage*

On constate que, même pour un élève rapide, la capacité d'apprendre 24 noms en cinq essais n'est que de 20 noms, dans le cas d'une carte surchargée. *La surcharge d'information est donc néfaste, pour la moyenne des élèves comme pour ceux qui apprennent le mieux.* On remarque que l'élève lent a de moins bons résultats après le troisième essai. Cela pourrait sembler paradoxal, mais on peut l'expliquer en se référant aux études expérimentales de Stéphane Ehrlich sur le découragement[1]. Ce chercheur a montré que des élèves de niveau faible ne maintiennent pas leur niveau de

1. Article sur le découragement dans le numéro spécial de *Sciences et Vie* sur l'échec scolaire, septembre 1988.

réussite habituel face à des problèmes de niveau trop élevé, mais au contraire chutent totalement.

Devant la difficulté ou la surcharge, les élèves ayant des difficultés «baissent les bras».

5. UNE CARTE BIEN FAITE PLUTÔT QU'UNE CARTE BIEN PLEINE !

Les pays ne servant pas d'indices mais s'ajoutant aux notions à apprendre, nous avons essayé d'utiliser la couleur pour faire des regroupements en catégories. Deux expériences ont été réalisées[1], l'une avec 24 notions et l'autre avec seulement 16 notions. Afin de se rapprocher des pratiques pédagogiques réelles, la phase de mémorisation (dix minutes de présentation par rétroprojecteur) se situe après un cours réel de Géographie fait la semaine précédente par le professeur habituel, et d'après un plan standard de cours, pour égaliser différentes classes ayant des professeurs différents. La carte et la leçon ont pour thème l'Afrique du Nord.

Alors que la leçon aurait pu comporter 56 mots (livre), le professeur a employé 36 mots au cours de sa leçon d'une heure. La phase de mémorisation a pris place une semaine plus tard, dans le cadre de l'aide au travail personnel. D'après nos résultats antérieurs, nous n'avons sélectionné que 16 mots apparaissant sur la carte (présentée par diapositive pendant dix minutes) c'est-à-dire non loin du maximum lorsque la catégorisation est optimale. La carte a été présentée selon cinq découpages catégoriels, dans cinq sous-groupes (équivalents d'après un pré-test) d'élèves de Sixième. Les catégories sont discriminées par les couleurs et les graphismes et décrites par l'expérimentateur (par exemple, noms de pays en

---

1. Les expériences sur les cartes de l'Afrique du Nord ont été réalisées avec Paul Durand et Yves Phillipot.

majuscule et en bleu, cf. figure 11) ; par exemple, pour les cartes de 16 notions :

1C x 16 : 16 mots dans la même couleur et le même graphisme
4C x 4 : Noms de capitales (Rabat, Alger, Tunis, Tripoli)
Noms de pays (Maroc, Algérie, Tunisie, Libye)
Massifs montagneux (Atlas, Hoggar, Aïr, Tibesti)
Termes du désert (erg, reg, hamada, oueds)

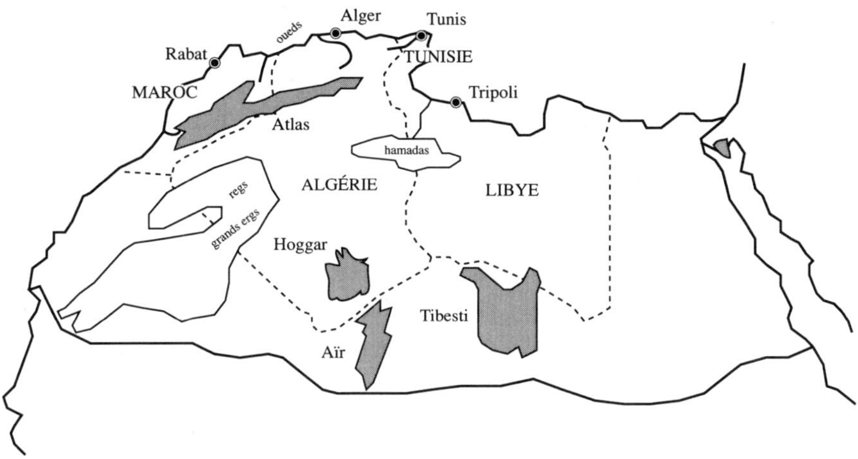

Figure 11 *: Support d'apprentissage : quatre catégories de quatre items*

— La première expérience sur 24 notions montre que les couleurs sont relativement efficaces pour circonscrire les notions en catégories. Ainsi, la présentation d'un fond de carte avec les couleurs des catégories permet le rappel d'environ 18 notions, avec une catégorisation optimale de 6C x 4, c'est-à-dire 4 notions par couleurs.

La reconnaissance est, sans surprise, très efficace, permettant une performance d'environ 20 mots. Si l'on veut encourager des élèves, la reconnaissance reste le mode de contrôle le plus intéressant.

— Dans la seconde expérience avec une carte limitée à 16 notions, la procédure est «trop efficace». Dans un rappel immédiat (tableau 14) tous les groupes atteignent un «plafond» de rappel avec une moyenne de rappel de 15 mots sur 16 ; dans ces conditions, il n'y a pas de différences notables entre les types de catégorisation.

	1C x 16	*2C x 8*	*4C x 4*	*8C x 2*	*16C x 1*	*Moyenne*
Rappel immédiat	15,3	14,7	15,2	15,6	14,8	15,1
Rappel une semaine	13,8	14,4	14,1	—*	12,5	13,7
Reconnaissance cinq semaines	15,2	15,9	16	15,8	16	15,78

(* groupe n'ayant pu être réuni)

Tableau 14 *: Rappel en fonction de la catégorisation de la carte (Lieury et Durand)*

Une semaine plus tard, le rappel avec le fond de carte coloré donne encore d'excellents résultats avec une moyenne générale de presque 14 mots rappelés. Les catégorisations en deux couleurs et en quatre couleurs semblent les plus efficaces, avec un rappel supérieur à 14 (un groupe manquant empêche des conclusions définitives).

Enfin, cinq semaines plus tard, un test de reconnaissance est effectué en présentant une carte avec les 16 mots cibles (qui ont été appris) et 16 mots pièges (Mauritanie, etc.) : presque tous les élèves atteignent le score maximal, la moyenne étant de 15,78 mots reconnus sur 16 soit une note de 19,7/20. Avec une leçon générale d'une heure suivie par une mémorisation de dix minutes sur une carte non surchargée de 16 noms, il y a mémorisation quasi-parfaite. En diminuant la charge informative (on est loin des

56 noms de la leçon du manuel sur le climat désertique), on obtient des performances excellentes pour tous les élèves pour une longue durée.

Montaigne aurait pu dire «mieux vaut une carte bien faite qu'une carte bien pleine...»

Fiche Pratique 5

1. Notions déjà catégorisées : organiser en petites catégories facilite l'apprentissage (Optimum = 4 catégories x 4 mots)
2. Notions non catégorisées (Exemple : villes peu connues) : toute notion supplémentaire est une surcharge.
3. Un apprentissage «non organisé» (mots peu ou non connus) nécessite plusieurs essais : au moins cinq essais pour douze à quinze mots.

À l'assaut de la Sixième :
altitude 6 000 mots !

VI. INVENTAIRE DU VOCABULAIRE DES MANUELS DE SIXIÈME

Afin de préparer des expériences (cf. chapitre 1), un comptage préliminaire du vocabulaire m'avait montré l'énorme quantité de mots nouveaux contenus dans une seule leçon de quelques pages ; ainsi en dénombrant les mots contenus dans les paragraphes, boîtes, cartes et documents, j'ai dénombré environ 250 mots pour la seule leçon sur la Civilisation musulmane occupant dix pages dans un manuel de Cinquième. Le livre comportant 200 pages, la totalité du livre contiendrait d'après cet échantillon un nombre énorme de mots ! Certains mots se retrouvant dans plusieurs leçons (Égypte, Euphrate, etc.), il est difficile d'estimer la totalité des mots nouveaux sur la base d'un échantillon. C'est la raison pour laquelle j'ai voulu dénombrer plus systématiquement le vocabulaire technique (hors vocabulaire courant) des manuels scolaires, en commençant par les manuels de Sixième[1]. Je n'in-

1. Cette recherche a été réalisée avec la collaboration de Paul Durand, de Marielle Clevede et d'une équipe d'étudiants de licence de Sciences de l'Éducation, Sophie Brulé, Isabelle Lasson, Anne Langevin, Nathalie Mancel, Marie-France Nedelec, Françoise Bocquet, Pierre Layney, Corrine Tanguy, Hélène Dréan et Hervé Quester. Les manuels choisis sont ceux en vigueur dans le collège des Hautes Ourmes à Rennes, qui est en convention de recherche avec le Laboratoire de Psychologie expérimentale de l'Université.

dique pas l'éditeur de chacun des manuels, car cette recherche ne vise pas à critiquer l'excellent travail de présentation des éditeurs qui réalisent ces livres. L'objectif est d'étudier si le vocabulaire technique présent dans les manuels est accessible ou inaccessible, dans les limites des capacités moyennes d'acquisition des élèves.

1. C'EST CHOUETTE, LA SIXIÈME : ON VA APPRENDRE 6 000 MOTS

Afin de comptabiliser les mots nouveaux ou techniques des manuels de la classe de Sixième, nous avons retenu les mots qui nous paraissaient subjectivement hors du vocabulaire usuel. Dans un deuxième temps, nous avons opéré une vérification objective, en comparant notre liste de mots extraits des manuels de français avec deux vocabulaires existants, en particulier le vocabulaire d'environ 3 000 mots courants des enfants[1].

Notre recensement des mots techniques et nouveaux (au-delà du vocabulaire courant de 3 000 mots) apparaissant dans les manuels de Sixième aboutit au total impressionnant de 7 208. De ce total, il faut déduire néanmoins les mots d'allemand, car les élèves de Sixième n'étudient qu'une seule langue. Sachant que la langue la plus étudiée est l'anglais (84 % d'après les statistiques de l'Éducation Nationale et 89 % dans le collège où s'est effectuée l'expérimentation) nous utiliserons la rubrique générale «Lan-

1. *Le vocabulaire fondamental pour enfants* de Dottrens et Massarenti (1963) est un recensement de 2 716 mots correctement écrits par des enfants, et le *Français fondamental* de Gougenheim, Rivenc, Sauvageot et Michea (1967) est un recensement des mots les plus fréquents chez les adultes dans le langage parlé de la vie de tous les jours. La comparaison de ces vocabulaires a été faite avec notre inventaire du vocabulaire de français : sur les 2 044 mots que nous avions recensés, 55 mots étaient déjà dans le vocabulaire de Dottrens et Massarenti : nous les avons donc enlevés, ce qui fait un total de 1 989 mots pour le français. Étant donné le très petit nombre de mots exclus, nous n'avons pas réalisé ce travail de comparaison pour les autres matières dont les mots sont plus techniques que ceux du français.

gues» en ne comptant que les mots d'anglais, ce qui fait un total général de 6 317 mots.

Par souci de simplification, nous arrondirons ce nombre à 6 000, car ce nombre serait évidemment différent avec un autre échantillonnage de manuels (éventuellement en hausse, car certaines collections ont un manuel séparé pour l'Histoire et la Géographie, ce qui double les pages pour ces matières). De plus, notre technique est inévitablement entachée d'une marge d'erreur, malgré l'utilisation de certains critères. Quelques mots sont communs entre plusieurs matières mais souvent ces mots revêtent un sens spécifique de la matière (par exemple, les mots *abondance*, ou *barrage* en Géographie n'ont pas les mêmes référents qu'en français, même si ces mots ont la même signification générale). De même, nous avons parfois laissé une ou plusieurs catégories grammaticales supplémentaires du même concept (par exemple, nom, adjectif ou verbe), lorsque les deux variantes peuvent avoir des significations distinctes (par exemple, *capter* et *captif* ; *émaner* et *émanation*, etc.).

	Nombre de Mots
Français	1 989
Histoire	1 088
Allemand*	891
Éducation civique	872
Géographie	824
Anglais	716
Biologie	402
Physique	259
Mathématiques	167
*Total**	6 317 mots

(* ce total n'inclut pas les mots d'allemand, les élèves n'étudiant qu'une langue)

***Tableau 15** : Vocabulaire technique total de la Sixième et répartition par matières par ordre décroissant*

2. LE POINT DE VUE DE L'EXPERT ET CELUI DU CANDIDE

Ce qui est banal et évident pour le professeur de collège ayant plusieurs années d'expérience professionnelle ne l'est évidemment pas pour l'élève, pas plus que pour un adulte, y compris un autre professeur non spécialiste du domaine. Les journalistes de certaines émissions culturelles ou scientifiques invitent un «candide» qui a pour rôle de faire expliquer le jargon technique, usuel pour le scientifique mais abscons (voici un bon exemple de jargon) pour les autres. Le candide ose poser les questions que chacun aimerait poser, mais ne pose pas par crainte du ridicule. Nous sommes tous experts et candides, tout dépend de la matière...

Dans l'apprentissage, il ne faut pas perdre de vue que c'est le contenu de la mémoire à long terme qui permet une sélection de ce que l'on mémorise à chaque étape. Pour l'élève ayant encore peu de connaissances, presque tout est nouveau et de grande difficulté. Or de plus en plus de manuels scolaires sont rédigés par des équipes de parfois une dizaine ou une vingtaine d'experts. Cet usage est certainement bénéfique pour l'actualisation des connaissances, mais risque de conduire à une hyperspécialisation des contenus ; procédure qui pourrait être contrebalancée par l'avis de candides. C'est la raison pour laquelle nous avons voulu estimer la difficulté des mots par deux groupes de professeurs. Les *experts* sont les professeurs de la matière spécifique (professeur d'anglais pour les mots d'anglais, etc.) et les *candides* (pour reprendre le mot des journalistes, sachant que ce sont des candides «expérimentés» en matière d'enseignement) sont les mêmes professeurs, mais évaluant les mots d'une autre matière. Une cinquantaine de professeurs[1] de plusieurs collèges nous ont

1. En particulier à Rennes, le collège des Hautes Ourmes, des Ormeaux, le collège d'Échange, de la Binquenais ; Georges Brassens au Rheu et les collèges de Saint Aubin d'Aubigné, Liffré et Tremblay.

prêté leur concours en donnant une note de 1 à 5 devant chaque mot de la matière évaluée. Certains ont jugé les mots de leur spécialité, ainsi que d'une ou plusieurs autres matières supplémentaires en tant que candide.

Pour cette étude, les 7 000 mots (avec l'allemand) étaient imprimés sous la forme d'un petit livret, à raison d'environ cent mots par page disposés en deux colonnes. Les critères de notation étaient les suivants :

1 : très facile ; usage courant ; minimum pour la Sixième.
2 : facile ; doit faire partie des connaissances de la Sixième.
3 : moyen ; doit pouvoir être acquis en Sixième.
4 : difficile ; pourrait être réservé à une année ultérieure.
5 : trop difficile ; doit absolument être reporté à une année ultérieure.

DIFFICULTÉ LEXICALE ET DIFFICULTÉ SÉMANTIQUE

Malgré cette explicitation des critères de notation, certains professeurs ont eu des interprétations variées. Un des professeurs, notant en candide l'Histoire, a accordé la note 2 à «Julianus», bien que ne connaissant pas ce personnage, parce qu'il estimait ce mot simple sur le plan *lexical* (ou *phonétique*) et donc facile à apprendre ; on retrouve donc là, la difficulté de l'estimation subjective et la nécessité d'obtenir plusieurs jugements. Nous avons complété oralement la consigne en spécifiant que la note concernait la connaissance sémantique, un mot inconnu du candide étant par définition difficile (notation 5).

La subjectivité apparaît nettement à travers la diversité des jugements. Par exemple, un expert juge en Histoire que 504 mots sont difficiles et peuvent être réservés à une année ultérieure (niveau 4 et 5), tandis qu'un autre expert juge difficile la quasi-totalité de ces mêmes mots.

En français, deux experts trouvent environ 600 mots difficiles, tandis que deux autres jugent environ 1 600 mots comme difficiles. Nous avons donc calculé la moyenne du nombre de mots difficiles (cotation 4 et 5) sur plusieurs experts et candides (tableau 16).

	Experts		*Candides*	
Français	1 043	51 %	563	27 %
Histoire	709	64 %	651	59 %
Éducation civique	398	45 %	353	40 %
Géographie	313	41 %	315	41 %
Biologie	101	27 %	185	50 %
Allemand	97	10 %	86	9 %
Physique	72	30 %	58	24 %
Anglais	71	10 %	106	15 %
Mathématiques	33	19 %	44	26 %
Total	2 740		2 275	

Total moyen experts et candides : 2 507

N.B. le total et la moyenne n'incluent pas l'allemand, l'élève n'étudiant qu'une langue.

Tableau 16 *: Nombre moyen de mots évalués comme difficiles (4 + 5) par les experts et les candides*

3. IL Y A UN NOTONECTE DANS LA MARE...

La difficulté estimée par les professeurs n'apparaît pas très différente dans la plupart des matières, contrairement à notre hypothèse, ce qui indique que les professeurs, même candides, ont une bonne appréciation des connaissances des élèves. Mais, ce ne sont que des moyennes et par exemple en allemand (où nous n'avions que deux candides au lieu de quatre ou cinq pour les autres matières), l'un trouve 167 mots difficiles et l'autre seulement 6.

Deux matières cependant provoquent un véritable divorce entre experts et candides, la Biologie et le Français, avec des résultats contraires. La Biologie est jugée comme beaucoup plus difficile par les candides (50 % de mots difficiles, contre 27 % par les experts). Nous verrons que les résultats des tests sur les élèves donnent raison aux candides et que le manuel contient trop de mots complexes. Voici quelques exemples de mots de difficulté variée du vocabulaire de Biologie (tableau 17).

Biologie	*Experts*	*Candides*
Végétarien	1,75[1]	2,50
Bronchiole	2,40	3,75
Notonecte	3,00	4,25
Coecum	4,00	4,25
Pluteus	4,80	4,50
etc.		
Moyenne générale (sur 100 mots)	2,10	3,20

Tableau 17 *: Exemples de niveaux de difficulté de mots pour la Biologie*

Cependant, contrairement à notre hypothèse, le Français est jugé de manière inverse et les mots sont en moyenne jugés comme plus difficiles par les experts que par les candides (tableau 18).

Français	*Experts*	*Candides*
Oasis	2,40	2,20
Effroi	2,60	2,60
Amnistie	3,60	3,00
Étymologie	4,50	3,75
Magnanime	4,80	5,00
etc.		
Moyenne générale (sur 100 mots)	3,76	3,11

Tableau 18 *: Exemples de niveaux de difficulté de mots pour le français.*

Une interprétation possible est que les mots de français ont tendance à être jugés comme techniques par les spécialistes de

1. Rappelons que la note de difficulté va de 1 = très facile à 5 = trop difficile.

cette matière qui voient dans certains concepts (ou unités lexicales) des difficultés que le profane n'a pas eu l'occasion de percevoir.

Il existe un bon accord entre les experts et les candides pour l'Histoire (tableau 19) : sont jugés difficiles pour la Sixième des noms comme Eratosthène, le savant grec qui découvrit la circonférence de la Terre par le calcul (en fonction de la grandeur de l'ombre portée d'un obélisque) et Anjali qui est une salutation indienne...

Histoire	*Experts*	*Candides*
Amphore	2,50	2,80
Scribe	2,75	3,00
Zeus	3,00	3,20
Eratosthène	4,25	5
Anjali	5	5
etc.		
Moyenne générale (sur 100 mots)	4,12	4,33

Tableau 19 *: Exemples de niveaux de difficulté de mots pour l'Histoire*

En fonction de l'estimation des experts ou des candides, le nombre de mots jugés difficiles ou trop difficiles pour la Sixième est de 2 500 sur 6 000, soit 40 % des manuels (en moyenne car les matières sont très inégales). Rappelons que les cotations 4 (difficile) et 5 (difficile) renvoyaient l'étude de ces mots à une classe ultérieure.

La réaction en chaîne de l'incompréhension

Le vocabulaire est essentiel, non seulement lorsque les mots se réfèrent à des informations précises, concepts, noms propres, etc., mais aussi lorsque les mots sont des intermédiaires sémantiques de la compréhension. Par exemple, si l'élève pense que *catacombes est un char de guerre*, il ne comprendra pas le texte ! Si en mathématiques l'élève pense qu'*invariant veut dire inégal*, on ne voit pas comment il comprendra un problème utilisant ce terme.

Ainsi dans cette leçon évoquée sur la riziculture (en Cinquième), un paragraphe sur le rendement mesuré en quintaux à l'hectare nécessite la connaissance de trois notions, *rendement*, *quintal* et *hectare* qui sont toutes difficiles et peu comprises des enfants à la fin de la Sixième.

Fiche pratique 6

1. Le vocabulaire usuel est de 3 000 mots.
2. Les manuels scolaires sont trop riches en informations : classe de Sixième : 6 000 mots nouveaux et techniques.
3. Une mesure de la difficulté permet une sélection en rapport aux possibilités moyennes d'apprentissage.

VII. TEST DU VOCABULAIRE DES MANUELS DE SIXIÈME

Combien de mots un élève de Sixième, c'est-à-dire un enfant de douze ans, peut-il retenir en une année ? Pour le savoir, nous avons élaboré une série de questionnaires sur chacune des matières recensées.

1. LES TESTS DE VOCABULAIRE

Dans chaque matière, nous avons prélevé 100 mots, selon l'ordre alphabétique proportionnellement au nombre total. Par exemple, pour l'Histoire, nous avons pris un mot tous les onze mots, pour l'anglais un mot tous les 6 ou 7, etc. Chaque mot est testé sous forme d'un QCM (questionnaire à choix multiple, méthode d'évaluation dérivée de la technique de reconnaissance) avec quatre choix dans un ordre au hasard : la bonne réponse, deux pièges, et «je ne sais pas». La consigne est d'entourer *la réponse la plus proche*. Des exemples sont donnés avant l'épreuve, pour montrer divers types de bonnes réponses : la réponse la plus proche est la traduction en Langues, le synonyme en français, mais aussi le pays où se situe une ville, un fleuve, en Géographie ou en Histoire, etc. Au total, nous avons construit neuf questionnaires, dont voici quelques exemples.

Histoire	*Français*	*Biologie*
* Archonte	* Pourpre	* Radius
1 : magistrat grec	1 : pieuvre	1 : unité de radioactivité
2 : pilier de temple	2 : couleur	2 : os
3 : vase grec	3 : arrière d'un navire	3 : fleur carnivore
4 : je ne sais pas	4 : je ne sais pas	4 : je ne sais pas

Sachant que les mots sont stockés en mémoire sous deux grandes formes, lexicale et sémantique, nous avons mis, chaque fois que l'occasion se présentait, des pièges phonétiques ou orthographiques, afin de tester la confusion possible entre différents mots ; comme, par exemple, entre «pourpre», «poulpe» et «proue», ou entre «régicide» et «insecticide», entre «colosse» et «colloque» ou «molosse»... En effet, d'après certaines observations, on s'aperçoit que l'enfant croit comprendre un mot, mais se réfère en fait à un mot similaire phonétiquement et fait ainsi des contresens.

Pour les mots relativement acquis, le degré de réussite dépend du degré de précision des pièges. Situer «Éthiopie» est plus difficile si l'on met «à côté de l'Égypte», «à côté du Maroc», «à côté de l'Algérie», qu'avec des choix de type «en Europe», «en Asie», «en Afrique» (choix utilisés pour la question). Nous avons donc essayé de doser la difficulté relativement au niveau de la classe de Sixième et non de l'augmenter ou de trop simplifier. Enfin, le grand nombre de questions (100 par matière) a été choisi pour compenser les insuffisances et les erreurs de construction des tests.

L'expérience s'est déroulée au collège des Hautes Ourmes, en convention de recherche avec notre laboratoire. Ce collège est le plus grand de Rennes avec ses huit Sixièmes, soit environ 200 élèves. Sa direction et son équipe d'enseignants sont très sensibles à la nécessité d'une approche expérimentale des problèmes éducatifs. La passation des questionnaires a été faite en fin d'année (troisième semaine de juin), lors d'une semaine déjà désorganisée par les épreuves du Brevet. La direction avait planifié, en accord avec les enseignants, deux sessions d'une heure dans deux matinées consécutives, avec un cours ou une pause d'une heure entre les deux séances. Deux questionnaires étaient donnés par session d'une heure ; la durée du questionnaire a été d'un quart d'heure pour les élèves rapides et une demi-heure pour les plus lents. La totalité des élèves de Sixième du collège, soit environ 200 élèves provenant des huit Sixièmes ont participé à l'expérience. La passation était collective, dans une grande salle, avec environ huit surveillants, expérimentateurs et professeurs du collège. La plupart des élèves se sont montrés intéressés par l'évaluation, certains nous demandant si nous allions revenir...

2. LES LANGUES AU TOP...

190 enfants ont «planché» sur la totalité des 800 questions des tests, ce qui a constitué un total homérique de 152 000 questions à corriger[1]. Puisque les élèves sont évalués dans chaque matière, étudions pour une fois l'inverse, le classement des matières par les élèves eux-mêmes, sur la base de leur réussite :

	Réussites	*Erreurs*	*Différence Réussites-Erreurs (%)*
Langues*	62	20	42
Physique	53	19	34
Mathématiques	53	21	32
Géographie	50	18	32
Instruction civique	41	23	18
Histoire	32	22	10
Biologie	30	21	9
Français	27	27	0

* (anglais et allemand ont le même score de réussite 62 %).

Tableau 20 *: Nombre moyen de réussites et d'erreurs par élève (sur 100 mots) et classement des matières*

1. Travail réalisé en grande partie par Isabelle Lasson, Marielle Clevede, Marie-France Nedelec, Cécilia Lieury, Françoise Bocquet et Nathalie Verdier.

À la première place de ce «Top Cinquante» des matières, les Langues ont un score de réussite de 62 % de mots acquis en moyenne, quelle que soit la langue, Anglais ou Allemand.

La Physique-Chimie qui vient d'être supprimée des programmes de Sixième et Cinquième est la deuxième matière (*ex aequo* avec les mathématiques) dans le classement de la réussite. La Géographie suit avec un score de 50 %. L'Éducation civique obtient un score de 40 %.

En avant-derniers *ex aequo*, l'Histoire et la Biologie obtiennent seulement 30 % de réussites. *La lanterne rouge est le Français*, dont un très grand nombre de mots sont estimés difficiles par les professeurs spécialistes de cette matière.

Sur quelles bases objectives a-t-on supprimé la Physique-Chimie ? Le succès dans cette épreuve tendrait à confirmer que la motivation première de cette suppression n'est pas d'ordre pédagogique (allégement des programmes), mais d'ordre administrative (manque d'encadrement). Il y a quelques années, la Biologie fut également supprimée de certains programmes pour des raisons obscures : *les sciences de la nature sont les mal-aimées du système pédagogique français actuel.*

Une rubrique «je ne sais pas» étant possible comme réponse, les erreurs sont des mots que l'enfant croit connaître, mais ne comprend pas ou imparfaitement : ce sont donc des *contresens*. Par exemple, quand l'enfant répond pour «substance» par la rubrique «moyen de vivre», il confond ce mot avec «subsistance» (cf. *infra* : erreurs), mais le résultat dans la lecture d'un texte réel sera une incompréhension ou un contresens. La différence entre les réussites et les erreurs pourrait donc être une bonne estimation des capacités de compréhension du vocabulaire. Que comprendra et que retiendra l'élève d'un texte où le nombre d'erreurs est aussi important que celui des bonnes interprétations ?

Pour ce score que l'on peut appeler *compréhension technique* (différence réussites-erreurs), le classement est inchangé. Le vocabulaire des livres de langues est le mieux assimilé, mais le vocabulaire en Histoire et en Biologie recèle presque autant de vocabulaire parfaitement compris que de mots mal assimilés. Quant au Français, c'est un comble puisque les élèves font autant de contresens que d'interprétations correctes, leur note moyenne est de 0/20 si l'on tient compte des erreurs.

Cette estimation donne des résultats catastrophiques (tableau 20) qui sont probablement une cause très importante de l'échec scolaire (cf. chapitre 8), malgré le fait que les manuels trop complexes semblent délaissés par les professeurs ou les élèves.

3. CONCERTO POUR GROS PROGRAMME ET PETITES TÊTES

Quelle est la capacité moyenne d'acquisition d'un élève moyen ? Pour le montrer, l'idéal aurait été de construire des questionnaires sur la totalité du vocabulaire, les 6 000 mots. Ne pouvant le réaliser, nous avons procédé par la méthode de l'échantillonnage. Sachant que les mots ont été pris au hasard, nous avons calculé par extrapolation le vocabulaire acquis en moyenne à partir du taux de réussite sur l'échantillon des 100 mots du questionnaire. En procédant ainsi pour toutes les matières, nous arrivons à une estimation du vocabulaire acquis en une année. Par exemple, le taux de réussite étant en Histoire de 32 % et sachant que le vocabulaire total était de 1 088 mots, on peut estimer le nombre de mots acquis en fin d'année à environ 348 mots (1 088 x 32 % ; cf. tableau 21).

	Total		*Acquis*	*Surcharge*
Français	1 989	x 27 %	= 537	1 452
Histoire	1 088	x 32 %	= 348	740
Allemand*	891	x 62 %	= 552	339
Éducation civique	872	x 41 %	= 357	515
Géographie	824	x 50 %	= 412	412
Anglais	716	x 62 %	= 443	273
Biologie	402	x 30 %	= 120	282
Physique	259	x 53 %	= 137	122
Mathématiques	167	x 53 %	= 88	79
Total*	6 317 mots	–	2 442 mots acquis =	3 875 de surcharge

* l'allemand étudié par seulement 11 % des élèves n'est pas inclus dans les totaux mais est indiqué pour information.

Tableau 21 *: Estimation du vocabulaire total acquis par matière*

Nous obtenons une estimation d'environ 2 500 mots acquis, ce qui est considérable en terme de capacité de la mémoire à long terme. Cependant cela ne représente que 40 % environ du vocabulaire total. *Plus de 3 800 mots, soit 60 % des mots des manuels ne sont pas acquis.* D'après l'estimation de la difficulté par les professeurs, il y a une différence de 20 %, puisque «seulement» 40 % des mots sont estimés difficiles. L'estimation subjective est imparfaite (c'est une forme d'introspection) et sous-estime la difficulté réelle. Ce sont parfois les professeurs qui ont jugé le plus grand nombre de mots difficiles, qui sont les meilleurs estimateurs de la difficulté réelle pour l'élève. Ainsi les trois professeurs qui ont estimé environ 1 500 mots difficiles en français sur les 2 000 se révèlent être les meilleurs estimateurs de la difficulté réelle du vocabulaire pour les élèves, car le nombre de mots de français non connus estimés d'après le test est de 1 452 (tableau 21). Dans la plupart des cas, il se trouve que le meilleur estimateur est... un *candide*, en Histoire, en Géographie, en Mathématiques, Biologie, Anglais, Allemand et Français. Tester les manuels avcc l'aide de candides et d'élèves serait peut-être un moyen de rendre les contenus plus accessibles ou de percevoir certaines difficultés de compréhension…

À la recherche d'un optimum

Le volume de mots acquis est très inégal selon les matières (tableau 21). Comment expliquer cette inégalité ? C'est un thème de recherche à étudier. On peut avancer, à titre d'hypothèse, que les mots ne recouvrent pas, selon les matières, les mêmes connaissances, un concept en Mathématiques ou en Biologie représentant sans doute une plus grande quantité d'informations qu'en français ou en langues. En langues, en Sixième, la plupart des mots sont élémentaires sur le plan sémantique (table, chat…), et il ne faut apprendre que l'unité lexicale. Il n'en est peut-être pas de même dans les classes supérieures, ce que nous verrons en étudiant le vocabulaire de Cinquième et des classes supérieures.

En distinguant trois groupes de disciplines, l'optimum de mots nouveaux correspondant aux possibilités moyennes des élèves serait le suivant (sous réserve que le collège étudié soit représentatif du niveau Sixième) :

Sciences de l'homme : 400 mots par matière
  Histoire, Géographie, Instruction civique
Sciences de la nature : 100 mots par matière
  Maths, Physique-Chimie, Biologie
Français et Langues : 500 mots par matière

Total optimal : 2 500 mots

Ce total de 2 500 mots, qui est une énorme réduction par rapport au contenu des manuels en vigueur, représente encore un rythme d'apprentissage conséquent d'environ 80 mots par semaine (sur 30 semaines de l'année scolaire). Le contenu actuel (6 000 mots) représente un rythme de 200 mots par semaine, ce qui est irréalisable, compte tenu du temps d'apprentissage (cf. chapitres 1 et 5).

Avec la réduction du nombre de pages qui découlerait de l'allégement du programme, deux grandes options se présentent. Soit constituer trois livres correspondant à ces trois familles de matières qui remplaceraient facilement les sept ou huit livres actuels de l'élève, quitte à dissocier le livre de l'élève et le manuel du maître. Soit réaliser, comme c'est le cas de certains manuels de langues, des petits livres d'une centaine de pages correspondant à une capacité d'apprentissage réaliste.

4. RÉGICIDE : UN INSECTICIDE !

L'évaluation de la connaissance du vocabulaire par un recours à l'introspection de l'élève aboutirait à une illusion, car l'élève croit savoir plus qu'il ne sait vraiment. Par exemple, le pourcentage total de réponses (réussites + erreurs, c'est-à-dire de réponses autres que «je ne sais pas») est élevé, de 82 % pour les Langues à 54 % pour le français. Ce score total de réponses reflète la familiarité du mot pour l'élève, mais cette familiarité est trompeuse, car basée sur un stockage partiel (fragments de mots).

Les pièges phonétiques ou sémantiques indiquent que les mauvaises interprétations sont nombreuses. Comme nous l'avons vu, un piège lexical (orthographique ou phonétique) était placé chaque fois que l'opportunité se présentait. Un très grand nombre d'erreurs sont de ce type, comme nous le pensions, l'enfant ayant parfois enregistré une vague consonance ou orthographe du mot (obélisque et Obélix, Platon et Pluton, etc.). D'autres erreurs sont sémantiques : sens voisin, contraire ou de type catégoriel. Les erreurs de type catégoriel sont l'identification d'un exemplaire catégoriel avec sa catégorie, la partie est confondue avec le tout, le spécifique avec le général, ou une racine (ou rime) induit un sens fréquent, *régicide* est un *insecticide* et *octogénaire* a *huit côtés*. Voici quelques erreurs typiques ou fréquentes.

Erreurs[1] *lexicales*

— Graphiques (orthographe)
  * Platon : film (confusion avec Platoon) 40 %, ou planète (Pluton) 20 %.
  * Faucille : empreinte animale (confusion avec fossile) 32 %.
  * Tribut : groupe de familles (confusion avec Tribu) 98 %.
  * Obélisque : héros de BD (confusion avec Obélix et Astérix) 18 %.
  * Tumulus : nuage (confusion avec Cumulus) 15 %.

— Phonétiques (consonance)
  * Florilège : collection de fleurs 92 %.
  * Morose : mammifère marin (confusion avec morse) 33 %.
  * Panthéon : sport (confusion avec pentathlon) 27 %.
  * Combustible : peut se manger (confusion avec comestible) 10 %.
  * Orifice : messe (confusion avec office) 12 %.
  * Malandrin : haut fonctionnaire chinois (confusion avec mandarin) 50 %.
  * Morphine : fée de légende (double confusion avec Morphée et phée : fée) 12 %.

Erreurs[1] *sémantiques*

— Sens courant
  * Ammoniac : lessive 43 %.
  * Inoffensif : sans défense (au lieu de sans danger en physique) 32 %.
  * Changer d'état : changer de pays (et non transformation de la matière) 60 %.
  * Complot : attentat (au lieu de conspiration) 38 %.
  * Degré hygrométrique : mesure la température (au lieu d'humidité) 50 %.

— Similitude
  * Faune : plantes (confusion avec flore) 24 %.

— Contraire
  * Dividende : nombre qui sert à diviser (inversion avec diviseur) 41 %.
  * Invariant : inégal 50 %.

— Catégoriel
  * Tension : ampère (au lieu de volt) 16 %.
  * Douille : partie d'une ampoule (au lieu de support d'une ampoule) 53 %.
  * Triangle isocèle : 3 côtés (au lieu de 2 côtés) 60 %.

1. Pourcentage d'un type d'erreur sur le total des réponses (bonnes ou mauvaises).

* Volume : surface (au lieu de espace limité par les trois dimensions) 88 %.
* Olympie : déesse romaine (au lieu de sanctuaire grec) 25 %.
* Cheops : Reine d'Égypte (au lieu de Roi ; confusion avec Cléopâtre ?) 17 %.
* Zeus : dieu de la terre 17 % ou de la mer 14 % (au lieu de dieu du ciel).
* Octogénaire : qui a 8 côtés (confusion avec octogonal ; présence d'octo) 17 %.
* Régicide : insecticide (terminaison «cide») 50 % ou engrais 25 %.

Erreurs numériques

* Millimètre : 1 000 m (et non 1/1000e) 23 %.
* Millilitre : 1 000 l (et non 1/1000e) 25 %.
* Décigramme : 10 g (et non 1/10e) 25 %.
* Décennie : 100 ans (et non 10 ans) 50 %.
* Pourcentage : lot de cent (et non fraction multipliée par 100) 31 %.

Une place de choix doit être réservée pour les erreurs numériques, notamment dans les unités de mesures qui restent souvent des étiquettes générales (niveau préopératoire ou infra-logique de Piaget) : «millimètre» est une mesure de longueur, mais c'est trop demander que de savoir si ce mot représente 1 000 mètres ou 1/1000e pour certains élèves.

Les élèves de Sixième ne sont pas des adultes, ils sont en pleine période de développement intellectuel. Les recherches du grand psychologue du développement Jean Piaget ont montré que le stade opératoire commençait vers 7 ans mais il s'achève vers 15-16 ans (Troisième et Seconde). Jusqu'à cette période de maturité, beaucoup de procédures mentales de l'enfant ne seront que partiellement logiques. De même qu'en pleine période de développement du langage, l'enfant ne pourrait lire Zola ou Proust, il serait illusoire de penser que l'enfant de douze ans peut raisonner comme un adulte.

Se référant de manière erronée à Piaget, un professeur de mathématiques confiait qu'il était convaincu que les mathématiques pouvaient être enseignées à un niveau «sensori-moteur», selon son expression. En réalité, les nombres n'ont rien de sensori-moteur (actions et perceptions) ; ce sont des entités abstraites dont Jean Piaget et ses collègues ont bien montré l'extrême difficulté et le lent développement[1].

Qu'est-ce qu'un élève peut comprendre à un problème de mathématiques, de physique ou de chimie, s'il pense qu'1 millimètre vaut mille mètres et qu'1 millilitre vaut 1 000 litres, qu'un volume est une surface, et qu'invariant signifie inégal ? Ce problème n'est pas propre aux jeunes élèves et un formateur m'a récemment cité des incidents survenus avec des professionnels qui ne savaient pas qu'1 cm^3 est équivalent à 1 millilitre (1 centimètre cube est le millième d'un décimètre cube, donc le millième d'un litre), d'où des risques graves d'erreurs dans les mesures.

Mieux vaudrait familiariser les élèves avec les unités de mesure en faisant de la pâtisserie, on joindrait l'utile à l'agréable.

En conclusion, le contenu des livres scolaires en vigueur est très excessif, dans la mesure où les élèves n'acquièrent que 40 % des mots techniques et nouveaux avec une bonne compréhension. *La mémoire n'est pas élastique et fixer une charge énorme d'informations équivaut à vouloir éduquer la marche par la course du marathon...* Si l'on s'appuie sur les résultats établis sur les cartes de Géographie (chapitre 5), la surcharge diminue la vitesse d'apprentissage et d'une façon encore plus sévère pour les élèves plus lents. Dans ces conditions, il est probable que la surcharge contribue au taux de redoublement. On peut exprimer cette hypothèse en pastichant la célèbre formule d'Einstein :

$E \bullet M = C^2$, ou Éducation x Marathon = classe redoublée

---

1. Un groupe de professeurs de l'Institut de Recherche en Mathématiques de l'Université de Reims (Hugenschmitt *et al.*, 1975) a, par exemple, montré «l'influence de la formulation dans l'acquisition d'un concept mathématique», y compris chez des élèves de Troisième (686 élèves de 23 classes de Troisième). Les problèmes sont moins réussis lorsqu'ils comportent (à formulation logique égale) des grands nombres.

Résoudre dans R : $2x + 6 = 10$, x est l'inconnue

Formulation avec des grands nombres :

Résoudre dans R : $6\,000x + 2\,000 = 10\,000$, x est l'inconnue.

Fiche pratique 7

1. La mémoire n'est pas élastique.
   vocabulaire acquis en 1 année = 2 500 mots.
2. Surcharge : 6 000 – 2 500 = 3 500 mots.
   Une réduction du manuel de l'élève est souhaitable.
3. $$E \bullet M = C^2$$
   Éducation x marathon = classe redoublée.

VIII. L'IMPORTANCE DU VOCABULAIRE DANS LA RÉUSSITE SCOLAIRE

La réussite scolaire est souvent associée à l'intelligence conçue comme une capacité qui n'aurait rien à voir avec la mémoire. Dans une perspective plus moderne, intelligence et mémoire apparaissent comme des processus complexes et intimement liés. Dans les tests, le terme d'intelligence est bien souvent général, il est alors synonyme de cognition (processus d'acquisition des connaissances) et comprend aussi des épreuves de mémoire.

1. INTELLIGENCE OU MÉMOIRE

L'intelligence est l'ensemble des mécanismes qui permettent la mise en relation de représentations mentales, concrètes (formes, couleurs, tailles) ou abstraites (mots, nombres, formes dans l'espace). Pour analyser les facettes de l'intelligence, les chercheurs ont recours à une analyse statistique qui exprime des choses fort complexes de manière simple : l'analyse factorielle. On commence par établir le degré de ressemblance deux à deux entre les épreuves ou tests par un coefficient de corrélation. *Le coefficient de corrélation* est une mesure statistique qui exprime conventionnellement la ressemblance entre deux choses par un nombre compris entre 0 et 1 (ou 0 et – 1 si la relation est inverse, comme entre les réussites et les erreurs), de même que la température mesure conventionnellement la chaleur entre 0° et 100°.

Par exemple, si dans une classe Tiffany est la première en Géographie et la première en Éducation civique, Alexandre est le deuxième dans les deux matières et ainsi de suite jusqu'au dernier, la corrélation entre la Géographie et l'Éducation civique sera de 1. Bien entendu, on ne trouve jamais un classement aussi parfait.

Par exemple, dans nos tests de vocabulaire, on trouve un coefficient de corrélation de 0,74 entre l'Éducation civique et la Géographie (tableau 23). Suivant l'usage anglo-saxon en statistiques, le point remplace la virgule et on supprime le zéro : on dit donc .74 (on prononce point 74). *Attention, une corrélation n'est pas un pourcentage*, il serait tout aussi faux de dire 74 % que de lire une température en centimètres. En pratique, des corrélations de .70 à .90 expriment une forte ressemblance et les corrélations inférieures à .30 n'expriment qu'une faible ressemblance.

Mesurer toutes les corrélations entre des tests ou matières, aboutit à des tableaux très compliqués. Des statisticiens ont donc découvert une analyse simplificatrice, *l'analyse factorielle* qui regroupe en familles les matières qui se ressemblent (fortes corrélations entre elles). Le nom de famille est appelé facteur et est en somme un «extrait», un dénominateur commun (le centre de gravité) représentant au mieux les membres de la famille. Psychologiquement, le facteur peut être interprété comme une aptitude commune, mais plus souvent comme un complexe d'aptitudes.

Un ensemble de corrélations peut être représenté comme un nuage de points dans l'espace. Le meilleur facteur est l'axe qui passe au centre du nuage. S'il y a plusieurs nuages, deux solutions sont possibles, sans rotation et avec rotation.

Prenons l'exemple des départs en vacances et imaginons qu'une voiture est une corrélation. Une analyse sans rotation, consiste à prendre l'axe commun (la direction) à toutes les voitures : on trouvera que cet axe qui passe au centre du nuage de points (les voitures) va vers le Sud. Ce facteur commun est appelé le *facteur g*, facteur général ; le facteur général des départs en vacances, c'est le Sud, donc le Soleil. En analysant plus finement, on s'apercevra qu'il y a plusieurs nuages et on pourra chercher un facteur passant par chaque nuage ; l'ordinateur va opérer une rotation des facteurs pour qu'ils passent au mieux dans chaque nuage (on dit rotation, car les premiers factorialistes cherchaient réellement les facteurs sur des nuages de points sur un graphique) : on trouvera alors un facteur «Côte d'Azur», un facteur «Espagne», un facteur «Bretagne»..., ce sont les facteurs de famille, on dit les *facteurs de groupe*.

Une analyse proposée par Arthur Jensen, spécialiste américain de l'intelligence et de l'analyse factorielle, est de prendre comme facteur g, le premier facteur sans rotation et d'analyser plus finement les familles par une analyse avec rotation, comme dans notre exemple des départs en vacances (cette analyse est appelée analyse hiérarchique).

2. LE MATCH DU SIÈCLE : VOCABULAIRE CONTRE ARITHMÉTIQUE

Dans les tests classiques, la mémoire, insuffisamment connue, était souvent mesurée par une épreuve de mémoire à court terme (par exemple de chiffres dans le test de Wechsler), mais on sait maintenant que la mémoire est beaucoup plus complexe et impliquée dans de multiples activités. La mémoire au sens le plus noble du terme (notamment : mémoire lexicale et sémantique) est probablement mieux représentée par les tests de vocabulaire et de connaissance (information) et le succès de jeux modernes comme le Trivial Pursuit montre indirectement l'importance de la mémoire dans notre vie culturelle.

Les recherches montrent par ailleurs que la mémoire paraît beaucoup plus impliquée dans les activités arithmétiques qu'on ne l'imaginait. Dans cette perspective, il est intéressant de comparer l'importance du vocabulaire dans les activités intellectuelles. La comparaison du vocabulaire et de l'arithmétique peut être faite dans les résultats d'une recherche de grande étendue réalisée par un grand spécialiste de l'intelligence, Arthur Jensen, de l'Université de Californie, et Cecil Reynolds, de l'Université du Texas (1982). L'analyse factorielle a été faite sur les résultats de l'énorme échantillon de 1 868 enfants blancs de 6 à 16 ans utilisés pour la standardisation du test de Wechsler (WISC = *Wechsler Intelligence Scale for Children* : test d'intelligence très utilisé) sur des échantillons stratifiés sur la base de plusieurs dimensions sociologiques des USA (âge, sexe, race, statut socio-économique, région géographique, résidence rurale ou urbaine).

Dans cette recherche, le test de vocabulaire (il faut définir des mots de difficulté croissante) est corrélé à .72 avec le facteur général, alors que le test de raisonnement arithmétique (problèmes arithmétiques de difficulté croissante) l'est à .57. De même, le test d'information, avec notamment des questions de Géographie, est plus corrélé (.67) avec le facteur général que l'arithmétique. Les tests de vocabulaire et d'information sont donc de meilleurs indicateurs de la réussite générale au test global, ils représentent donc mieux l'intelligence générale telle qu'elle est mesurée par le test de Wechsler.

D'autres recherches incluant une grande variété d'épreuves montrent également l'importance d'épreuves verbales ou scientifiques à côté des mathématiques, comme dans une autre très vaste recherche de Jensen portant sur près de 5 000 recrues de l'US Navy (marine américaine). Les tests sont très variés, incluant des tests verbaux, mathématiques, d'aptitude spatiale, mécanique, de mémoire, de code radio, test de sonar, etc. Les corrélations les plus fortes avec le facteur général de réussite apparaissent avec les tests de mathématiques (.76), de raisonnement arithmétique (.71), d'électronique (.79), mais aussi avec le test verbal (.65), la corrélation maximale étant obtenue avec le test de connaissance générale (.84).

3. LES MATIÈRES DE LA RÉUSSITE SCOLAIRE

Les Anglais Cyril Burt et Philip Vernon (1965), qui ont réalisé de nombreuses recherches et analyses factorielles en milieu scolaire, ont souvent trouvé que la plupart des matières étaient corrélées entre elles. Par exemple, avec des enfants de onze ans, la composition est corrélée à .50 avec la moyenne des autres notes ; la Géographie, les sciences de la nature et les problèmes arithmétiques sont toutes trois corrélées à .45 (toujours avec la moyenne des notes). Les corrélations les plus faibles sont obtenues avec le travail manuel (.32) et le dessin (.27), ou encore la qualité de l'écriture (.27).

En France, Anh Nguyen-Xuan a réalisé (1969), dans le cadre du Laboratoire de Psychologie différentielle de Paris, une importante recherche sur des tests et des matières scolaires en Cinquième et en Troisième. De nombreux tests sont utilisés, en particulier de raisonnement verbal (analogies, séries verbales), de raisonnement numérique (séries numériques, opérations à compléter) et des tests spatiaux (briques, matrices).

Pour se limiter aux résultats de la Cinquième, le niveau le plus proche de notre étude, il apparaît que les mathématiques sont bien corrélées avec les tests de raisonnement numérique, le maximum étant atteint avec le test des opérations (.63) et atteignant .30 à .40 avec d'autres tests (.42 : séries numériques). Mais les autres matières apparaissent faiblement corrélées avec ces tests, le maximum étant .44 entre le français et le test des phrases à compléter. L'Histoire-Géographie, par exemple, obtient avec les tests, des corrélations qui vont de .01 (relation nulle) à .33 (avec le test des séries verbales). En conclusion, *les tests de raisonnement ne prédisent guère la réussite scolaire en Cinquième, sauf pour les Mathématiques.*

	Général	*Littéraire*	*Mathématique*
Mathématiques	.46	—	.55
Sciences Naturelles	.78	—	—
Orthographe	.33	.52	—
Composition française	.40	.46	—
Histoire-Géographie	.71	—	—
Dessin	.30	—	—

N.B. : les corrélations faibles (inférieures à .30) ne sont pas reportées, par souci de clarification.

Tableau 22 *: Analyse factorielle des matières scolaires de Cinquième (d'après Anh Nguyen-Xuan, 1969)*

L'analyse factorielle sur les matières scolaires (sans les tests, cette fois) indique un facteur littéraire et mathématique (tableau 22), mais surtout un facteur de réussite générale avec lequel les Sciences Naturelles (actuellement Biologie) et d'Histoire-Géographie ont les corrélations les plus fortes de .78 et .71, contre .46 pour les Mathématiques. *L'Histoire et la Biologie sont les meilleurs prédicteurs de la réussite générale en classe de Cinquième.* Les Mathématiques relèvent plutôt d'un facteur (ou aptitude) particulier, de nature mathématique ou numérique. En Troisième, l'Histoire-Géographie est la matière la plus prédictive (.62) de la réussite générale, suivie par les Mathématiques (.50) et les Sciences Naturelles (.49).

Si le raisonnement ne prédit pas très bien (mis à part les Mathématiques) la réussite scolaire, la mémoire des connaissances (mesurée par le vocabulaire technique) est peut-être un meilleur «baromètre» !

4. VOCABULAIRE ET RÉUSSITE EN SIXIÈME

Dans notre recherche sur le vocabulaire de la Sixième, une analyse en corrélations et en facteurs a été réalisée pour les 190 élèves sur les huit matières testées par le vocabulaire et les notes moyennes des élèves mises par leurs professeurs au cours de l'année scolaire, ainsi que le total par élève des réussites, moins les erreurs aux tests de vocabulaire (au total 2 850 notes).

Les tests de vocabulaire

La plupart des corrélations entre les tests de vocabulaire sont fortes (supérieures à .50 ; tableau 23) ce qui suggère l'existence d'une aptitude commune à l'acquisition du vocabulaire, quelle que soit la matière, vraisemblablement la mémoire.

Sixième	*Hist.*	*Géo.*	*É. civ.*	*Maths*	*Phys.*	*Bio.*	*Fran.*	*Lan.*
Histoire	1							
Géographie	.58	1						
Éducation civique	.69	.74	1					
Mathématiques	.29	.47	.42	1				
Physique	.51	.70	.66	.58	1			
Biologie	.60	.56	.67	.45	.56	1		
Français	.48	.48	.58	.53	.51	.58	1	
Langues	.26	.44	.46	.51	.43	.39	.33	1
Total R	.70	.83	.85	.70	.81	.77	.72	.67

* Le total R est le total des réussites à tous les tests de vocabulaire pour chaque élève.

Tableau 23 *: Corrélations entre les tests de vocabulaire de Sixième*

Les corrélations les plus faibles sont obtenues avec les Mathématiques (.29 avec l'Histoire ; .45 avec la Biologie) et avec les Langues (.26 avec l'Histoire, .33 avec le français). Les plus fortes corrélations sont obtenues par quatre matières, entre elles l'Instruction civique (.74 avec la Géographie, .69 avec l'Histoire, .67 avec la Biologie), la Géographie (.58 avec l'Histoire), la Physique (.70 avec la Géographie) et la Biologie (.67 avec l'Instruction civique, .60 avec l'Histoire).

Le total des réussites par élève est fortement corrélé avec la réussite dans chaque vocabulaire de .67 (avec les Langues) jusqu'à .85 avec l'Éducation civique. Étant donné les très fortes corrélations entre la réussite totale et les différents tests de vocabulaire, cela nous permet une grande simplification en ne conservant que cette note générale.

Les matières de la Sixième et la réussite générale aux tests de vocabulaire

Le total des réussites aux tests de vocabulaire est-il un aussi bon prédicteur des matières scolaires notées par les professeurs en cours d'année ?

Sixième	*Hist.-Géo.*	*Maths*	*Physique*	*Biologie*	*Français*	*Langues*
Histoire-Géographie	1.	.77	.62	.76	.75	.74
Mathématiques		1.	.72	.77	.66	.68
Physique			1.	.70	.52	.62
Biologie				1.	.72	.74
Français					1.	.74
Langues						1
Total R	.53	.54	.47	.56	.53	.44
Total R – E	.60	.62	.58	.65	.60	.58

N.B. : Histoire, Géographie et Instruction civique ne sont pas dissociées dans la notation scolaire, de même Physique et Chimie.

Tableau 24 *: Corrélations entre les matières de Sixième notées par les professeurs en cours d'année et la réussite générale aux tests de vocabulaire (R : réussites, et R – E = réussites moins les erreurs)*

Trois résultats essentiels émergent de ce tableau fondamental (tableau 24) qui résume toute notre recherche sur le rôle de la mémoire du vocabulaire dans la réussite scolaire en Sixième :

1. Toutes les matières scolaires sont corrélées entre elles, les Mathématiques ne doivent donc pas être spécialement valorisées comme si cette matière représentait à elle seule l'intelligence et par conséquent la réussite scolaire. Toutes les matières sont des indicateurs équivalents de la réussite. On peut néanmoins remarquer que c'est la Biologie qui a les corrélations les plus fortes (égales ou supérieures à .70) avec les autres matières (ce qui confirme totalement les études de Anh Nguyen-Xuan sur les élèves de Cinquième, cf. tableau 22). L'école doit développer toutes les aptitudes et donc développer la diversité des matières scolaires, Français et Langues, Sciences de l'Homme et de la Nature…

2. La réussite générale aux tests de vocabulaire (R) est bien corrélée avec toutes les matières notées par les professeurs, de .44 à .56.

3. Mais la prise en compte des erreurs (total réussite-erreurs) est un bien meilleur prédicteur de la réussite scolaire, car les corrélations sont beaucoup plus fortes, allant de .58 pour les Langues à .65 pour la Biologie. Les erreurs représentent donc des connaissances fausses ou partielles qui contribuent à l'échec. Comme nous l'avions noté à propos du français, si l'élève fait autant de contresens que de bonnes interprétations, l'ensemble du texte lu sera incompris.

La réussite générale aux tests de vocabulaire est un bien meilleur prédicteur que les tests de raisonnement (qui ne prédisaient que la réussite en mathématiques ; cf. plus haut, l'étude de N'guyen-Xuan).

Vocabulaire et matières scolaires

Afin d'étudier les relations entre les tests de vocabulaire, que nous pensons être liés à la mémoire des connaissances et les matières scolaires, nous avons réalisé une analyse factorielle en prenant toutes les matières notées par les professeurs, mais uniquement la réussite totale, moins les erreurs (Total R – E), puisque celui-ci représente très bien la réussite générale aux tests de vocabulaire. L'analyse factorielle donne des résultats fort simples, puisqu'elle ne produit qu'un seul facteur qui représente 72 % de la variabilité entre les notes (variance en statistique). Il s'agit donc d'un facteur général de réussite à la fois aux matières scolaires notées par les professeurs et aux tests de vocabulaire. Voici les corrélations entre les matières notées par les professeurs au cours de l'année et ce facteur général de réussite scolaire, ainsi que le score général de vocabulaire (réussites moins les erreurs) :

Facteur général de réussite scolaire

Biologie	.90
Histoire-Géographie	.88
Mathématiques	.88
Langues	.86
Français	.84
Physique	.80
Tests vocabulaire R – E	.77

Toutes les matières apparaissent comme de très bons prédicteurs de la réussite scolaire en Sixième, spécialement la Biologie, avec une corrélation de .90. La réussite générale aux tests de vocabulaire apparaît elle aussi comme un excellent prédicteur avec une corrélation de .77. Si l'on prend en considération qu'il a fallu toute l'année pour noter les élèves dans les matières, deux matinées de tests de vocabulaire prédisent presque aussi bien la réussite ou l'échec des élèves. Les tests de vocabulaire basés sur les manuels scolaires sont donc de meilleurs tests de la réussite que les tests de raisonnement. Prenons deux exemples concrets illustrant la corrélation entre le vocabulaire connu (réussites sans les erreurs) et la réussite scolaire :

> l'élève ayant la meilleure moyenne scolaire, 17/20, connaît environ 4 000 mots (3 786), d'après notre estimation, tandis que l'élève ayant obtenu la note moyenne la plus basse, 4,5/20, n'a

acquis en Sixième qu'environ 1 000 mots nouveaux (1 146). Ces deux élèves débutent leur cycle avec près de 3 000 mots de différence en mémoire : dans cette différence réside probablement un des facteurs essentiels de l'échec scolaire.

Fiche pratique 8

1. Les Mathématiques ne sont pas le baromètre de la réussite scolaire.
   Toutes les matières sont importantes.
2. Le vocabulaire est un excellent prédicteur de la réussite scolaire (en Sixième).
3. La mémoire est la bibliothèque mentale des connaissances.

CONCLUSION : *La psychologie de l'apprentissage peut-elle s'improviser ?*

La mémoire élastique : théorie implicite de la mémoire

Les psychologues sociaux ont montré que les individus ont des théories implicites pour expliquer le monde, la personnalité, la richesse, le racisme, etc., et ces théories expliquent leurs actes. Le fait qu'il en soit ainsi pour la mémoire expliquerait bien le décalage qui existe entre la surcharge objective des informations mesurées dans les livres et l'absence de prise en compte de ce fait. Lorsqu'on discute avec des professeurs, on entend souvent des arguments comme : «On sait qu'il y a un oubli énorme, donc pour qu'il reste quelque chose, il faut faire apprendre le plus possible» ou : «À cet âge, le cerveau est malléable», etc. Ces arguments indiquent une conception de la mémoire, très répandue, selon laquelle l'enfant peut tout apprendre, parce qu'il est jeune. C'est une théorie implicite de la mémoire élastique. Si cette théorie implicite «justifie» les grandes quantités d'informations que l'on donne à apprendre, elle est inexacte. *La mémoire a des limites et la surcharge est néfaste à l'apprentissage : la mémoire n'est pas élastique.*

La psychologie scientifique de l'apprentissage

Dans une des théories contemporaines, celle de la *mémoire épisodique*, tout enregistrement donne lieu à une unité stockée. Chaque mot, lorsqu'il est constitué comme une unité établie en mémoire (et non comme des syllabes détachées) est «copié» autant de fois qu'il est lu, entendu ou chaque fois que l'objet qu'il représente est vu. Ainsi s'expliquent les effets de familiarité dans les estimations subjectives ou les effets de fréquence dans les mesures objectives. C'est un travail fastidieux que de dénombrer ces mots et plus encore de les analyser. Et pourtant, la chimie a effectué pendant des siècles un patient travail consistant à répertorier les éléments, soufre, fer, etc., à analyser leurs propriétés, et à les classer comme dans la célèbre table de Mendéléiev, pour arriver à quelque 90 atomes que les progrès scientifiques ont permis d'expliquer en terme de nombre de protons et d'électrons. De même, la zoologie et la botanique sont passées par ces étapes de classification qui exigent minutie et patience. *La science commence par la classification et la mesure*. Répertorier les mots, dans le cadre d'une psychologie de l'apprentissage, puis analyser leurs traits constitutifs paraît un travail démesuré, mais il ne l'est pas plus que d'inventorier les étoiles dans le ciel...

Les niveaux de complexité des mots

La discussion avec nombre de professeurs nous a fait apparaître également un problème très important, découvert dans l'étude de la mémoire sémantique, la *complexité sémantique* d'un concept. Un mot semble être une entité unifiée, mais rien n'est plus faux et les orthophonistes qui doivent rééduquer le langage savent que le mot est aussi compliqué que l'atome pour le physicien. L'atome fonctionne comme une entité unifiée au niveau chimique, mais représente une machinerie complexe de protons, neutrons et électrons que l'on peut analyser encore plus finement en nombreuses particules élémentaires.

De même, les recherches en psychologie ont montré la grande complexité de structure des mots. Il existe deux grandes mémoires pour les mots, un répertoire morphologique (lexical) et un répertoire des traits sémantiques. La mémoire lexicale (cf. chapitre 2) contient l'intégration de l'information visuelle-graphique, auditive-phonétique, syllabique, articulatoire : c'est la mémoire des «fiches signalétiques» du mot. Le sens est stocké dans la mémoire sémantique. Le mot n'est plus unifié dans cette mémoire, il est, comme l'atome vu par le physicien, un ensemble de particules en interaction. Ces particules sont les traits sémantiques, c'est-à-dire d'autres concepts et peut-être des abstractions moins mesurables.

Les recherches dans le champ de la mémoire sémantique font apparaître que les mots complexes sont constitués d'éléments plus simples, mais qui s'enrichissent avec le développement des connaissances. Le caractère composite des concepts complexes explique les incompréhensions des enfants, comme dans cette observation d'un professeur d'Histoire et de Géographie. Demandant à ses élèves de Sixième d'analyser l'évolution d'une courbe, ceux-ci déclarèrent qu'il n'y en avait pas, tout simplement parce que la courbe descendait : le concept «évolution» pour les enfants est stocké comme un synonyme de «montée» ; comme, nous l'avons vu, volume est confondu avec surface, dividende avec diviseur et invariant avec inégal…

De même que les chimistes et les physiciens ont analysé les protons et les électrons des atomes, les psychologues doivent analyser en équipe avec des didacticiens de la discipline, la structure componentielle des concepts. Cela est nécessaire pour les concepts abstraits et ceux-ci sont plus nombreux qu'on ne le pense, en particulier dans le vocabulaire de mathématiques, petit en nombre mais grand en difficulté. Qu'on en juge par deux exemples, la définition de cylindre et de horizontal :

Cylindre *: «Solide limité par une surface cylindrique et deux plans parallèles coupant les génératrices»* (Dictionnaire Larousse)

Nous regardons quelques lignes plus bas, pour avoir quelques éclaircissements sur «cylindrique» : «relatif au cylindre»

Une définition n'utilisant pas le mot que nous cherchons à comprendre est cependant donnée pour «surface cylindrique» :

«Surface engendrée par une droite (génératrice) qui se déplace parallèlement à une direction fixe en s'appuyant sur une courbe plane fixe (directrice) dont le plan coupe la direction donnée.»

La phrase est longue et connaissant la capacité limitée de la mémoire (cf. chapitre 5), on s'explique qu'arrivé à la fin de la phrase, on ne se rappelle pas le début.

En bref, le concept de cylindre qui apparaît une entité simple, quasiment un objet, pour un professeur de mathématiques ayant bénéficié de nombreuses années d'études puis d'enseignement, est un concept abstrait complexe. Il faudra des recherches spécifiques pour étudier le développement des significations de ces concepts complexes, polyèdre, prisme, pyramide, etc., dont la plupart des adultes ignorent la signification. Jusqu'à un âge avancé qu'il faudra définir avec précision (au-delà de l'enfant de Sixième), les significations ne sont vraisemblablement que l'image mentale (approximative) d'objets. Un cylindre sera certainement mieux compris en montrant divers objets familiers de cette forme, tube, tuyau, saucisse, boîte de conserve, etc.

Pourquoi l'enfant de onze ans comprendrait-il très vite des concepts que des génies comme Euclide et bien d'autres ont mis des années à mettre au point ?

Connaissance de base et connaissance de détail

Il est sans doute difficile de définir avec précision une liste définitive de notions qu'il faudrait acquérir à un niveau donné, et fastidieux pour les professeurs de s'y limiter. Cependant, il faudrait tendre vers cet objectif pour ne pas tomber dans l'illusion.

Étudiant une leçon sur les pays du riz avec Virginie, élève de Cinquième, nous regardions dans son manuel une magnifique carte de l'Asie. Un schéma très clair représentait, par des cercles de plus en plus petits, la part de production de riz dans les douze pays premiers producteurs mondiaux : de la Chine (36,7 %) au Sri Lanka (0,5 %). Conseillant à Virginie de bien apprendre les trois plus gros producteurs, elle me rétorqua que le professeur avait bien insisté pour apprendre les douze… Doutant que l'élève sache où se situait le Sri Lanka, je commençai par lui demander de montrer du doigt les différents pays sur la carte. C'est ainsi que j'appris que la Chine se trouvait en Inde (!) Est-il plus important de savoir que le Sri Lanka produit 0,5 % de la production mondiale de riz ou de connaître l'emplacement de la Chine ?

De la même façon, des ordres de grandeur suffisent dans un grand nombre de cas. Est-ce essentiel d'apprendre en Quatrième que le noyau externe de la terre est à 5 170 km plutôt qu'à environ 5 000 km et que le centre de la terre est à 6 370 km plutôt qu'à 6 400 km ?…

L'enseignement de détail ne peut intervenir que lorsque les connaissances générales sont assurées.

Je m'introspecte, tu t'introspectes… ils s'introspectent

Chacun se croit psychologue : «Je suis enseignant depuis vingt ans (ou «j'ai eu quatre enfants») alors, les enfants, vous savez, je connais…». Or ces connaissances, que chacun croit avoir, sont essentiellement basées sur l'introspection que certains auteurs, apparemment de formation philosophique, continuent de défendre.

Après 25 siècles de psychologie philosophique basée sur l'introspection (c'est-à-dire l'observation de soi-même), un siècle de psychologie scientifique basée sur l'expérimentation (c'est-à-dire l'objectivité et la mesure), a permis d'accumuler toutes les connaissances actuelles. Depuis le behaviorisme[1], on connaît les illusions et les impasses de l'introspection.

Voyons, sur quelques exemples simples, l'inanité et la vanité de l'introspection :

— Qui se serait douté par introspection (aucun philosophe n'en a eu la prémonition) que la lecture n'est pas continue ou panoramique, mais est une exploration oculaire constituée de trois «prises de vue» par seconde ?
— Qui pourrait dire quelles sont les trois couleurs (rouge, vert, bleu) correspondant aux trois catégories de photorécepteurs de la couleur dans la rétine ?
— Si l'on s'appuie uniquement sur l'introspection, la lune paraît aussi grande que le soleil !
— Qui pourrait deviner que le temps de codage sémantique des images ou des mots est de l'ordre de quelques centaines de ms (millisecondes) ?
— Qui pourrait deviner que la mémoire sensorielle visuelle a une durée de vie inférieure à une demi-seconde et qu'à l'inverse la mémoire imagée est très résistante au temps ?
— La plupart des personnes interrogées pensent que de dire le nom d'un dessin (dénomination) est plus rapide que de lire le mot correspondant. Et pourtant la lecture est plus rapide que la dénomination, d'un minimum de 100 ms. À l'inverse la mémoire imagée est supérieure à la mémoire verbale !

La liste pourrait être très longue, et si les enfants pensent que c'est efficace de travailler en chansons, c'est l'inverse qui se produit (chapitre 3).

Dans quelques cas, nous avons cependant des estimations relativement correctes de certains de nos processus psychologiques (il faut souvent s'adresser à des experts ou sujets très

1. Le behaviorisme est un courant de la psychologie américaine des années vingt, impulsé par John Watson qui, en s'appuyant sur la théorie de Darwin et les méthodes de la physiologie, a jeté les bases de la psychologie scientifique et a rompu avec la psychologie philosophique.

entraînés) comme la familiarité des mots, leur difficulté (chapitre 6), le degré d'imagerie des dessins, etc. ; mais ces phénomènes sont localisés et dignes de confiance qu'après une vérification objective. On peut constater sur l'exemple du jugement de la difficulté des mots combien sont variables les estimations subjectives : un professeur de français va juger 629 mots comme étant difficiles, tandis qu'un autre en estimera 1 639 : qui a raison ? Cette simple observation montre l'origine de débats interminables et sans issue, si l'on s'appuie uniquement sur la subjectivité (comme les célèbres débats sans fin entre jansénistes et jésuites, etc.).

Enfin, qu'en est-il du recours à l'introspection, au témoignage des élèves eux-mêmes, méthode que préconisent encore de nos jours certains auteurs ignorants en matière de psychologie scientifique. Les élèves croient savoir beaucoup plus qu'ils ne savent réellement. En effet, dans nos tests, les élèves pouvaient répondre par la rubrique : «je ne sais pas». Si leur jugement était sûr, il n'y aurait donc aucune erreur et pourtant ils en commettent un très grand nombre, parfois même autant que de réussites (comme en français ; cf. chapitre 7, tableau 20). Ce serait donc une grande erreur méthodologique que d'accorder du crédit aux témoignages des élèves sur leurs propres capacités.

Se baser sur l'introspection pour fonder un système pédagogique, c'est remonter le temps dans le sens inverse des aiguilles du progrès scientifique.

Une mère surprotectrice

La philosophie, on le sait, est la mère de toutes les sciences. Mais une mère surprotectrice, car si la psychologie a le statut de science expérimentale depuis un siècle, celle-ci est toujours enseignée au lycée par des professeurs de philosophie qui n'ont pas la formation nécessaire (ni clinique, ni expérimentale). La formation des professeurs de philosophie ne comporte, en effet, que peu de psychologie (ou parfois pas du tout). Malgré cela, la pédagogie des Écoles Normales était assurée en grande partie par des titulaires de philosophie qui enseignent Piaget ou Freud n'en ayant qu'une connaissance livresque.

La réforme des Écoles Normales en Instituts Universitaires de Formation des Maîtres (IUFM) sera très certainement un facteur de progrès si elle permet, aux côtés des disciplines spécialisées et de la didactique, une réelle formation en sciences humaines, psychologie, biologie, statistiques et une initiation à la recherche.

Le ministère de l'Éducation Nationale ayant très justement lancé un programme de réflexion sur les contenus, on aurait notamment attendu des commissions nationales une réduction de l'enseignement de philosophie, au profit des sciences humaines et sociales, psychologie, sociologie, linguistique, économie, etc. ; mais les propositions sont à l'inverse en faveur d'interventions supplémentaires de la part de la philosophie[1].

Une agrégation en Sciences Humaines et Sociales correspondrait mieux aux mutations de la société. Les élèves de terminales, y compris des classes techniques, seraient mieux préparés à leur avenir professionnel ou à la simple lecture de magazines économiques et politiques avec un enseignement d'initiation en Sciences Humaines. Un étudiant en marketing sera mieux formé s'il connaît les pièges de la manipulation analysés par la psychologie sociale expérimentale[2] plutôt que de savoir la différence entre Kant et Auguste Comte. Il pourrait s'agir d'une agrégation générale en

---

1. Dans les *Cahiers de l'Éducation Nationale*, décembre 1989, n° 76, il est proposé un enseignement d'initiation philosophique interdisciplinaire en classe de Première, un enseignement approprié pour les élèves de l'enseignement technique ; de plus, ajoute la Commission et je la cite intégralement : «*Tous les maîtres, lors de leur formation, recevraient un enseignement de la philosophie (comme c'est le cas aujourd'hui pour les instituteurs). Enfin la Commission insiste pour que, dans l'hypothèse de la création de nouveaux DEUG non spécialisés, la place de la philosophie soit maintenue, en tant que matière obligatoire*».

2. *Petit traité de manipulation à l'usage des honnêtes gens*, par Joule et Beauvois. Presses Universitaires de Grenoble, 1987.

Sciences Humaines et Sociales ouverte aux titulaires de différents diplômes (philosophie, certes, mais aussi psychologie, sociologie, linguistique, sciences de l'éducation, économie, droit, information-communication...).

Gentil Gourou, dis-nous tout

La création des Instituts Universitaires de Formation des Maîtres sera également un facteur de progrès par la mise en relation des structures de recherches universitaires et des lieux de formation des maîtres, ce qui était un grave déficit auparavant. En effet, les chercheurs en psychologie qui travaillent fréquemment pour les grands organismes (Centre d'Études de Télécommunication, INSERM, laboratoires pharmaceutiques, d'Informatique, etc.), étaient peu en relation avec les organismes de recherche ou de formation en pédagogie. C'est un non-sens que les enseignants-chercheurs de l'université, les chercheurs (CNRS) et les étudiants-chercheurs (en thèse ou en Diplôme d'Études Approfondies) soient sanctionnés par des examens et jurys (thèse, habilitation à diriger des recherches), que leurs productions (articles) soient «passées au peigne fin» de la critique des comités de lecture des revues scientifiques pour que leur soient préférés en définitive des formateurs sans formation.

Il existe un phénomène général en pédagogie, lié à l'absence de comités scientifiques : la multiplication des formateurs sans statut et des gourous. Il suffit de consulter les rayons «pédagogie» ou «éducation» dans les librairies pour évaluer l'attrait que représentent certains auteurs de remèdes miracles contre l'échec scolaire. Pour certains gourous, il faut diviser les élèves en auditifs et en visuels, pour d'autres, il suffit d'apprendre en dormant ; pour certains, «il est prouvé que plus de 70 % des élèves présentant des troubles scolaires manifestent des blocages d'ordre auditif»[1],

1. Centre Harmony, publicité de *Ouest-France* du 18 juin 1990, p. 35.

d'autres préconisent des méthodes de lecture rapide, l'harmonie entre les parties du cerveau. À quand la poudre de perlimpinpin contre l'échec scolaire ?

IREM ou IREV

La recherche en pédagogie devrait donc se développer, l'Éducation Nationale est bien placée puisqu'elle est l'employeur des enseignants-chercheurs universitaires. Le déficit est peut-être en terme de manque de structures réunissant divers spécialistes, psychologues de l'apprentissage, psychologues du développement, didacticiens, professeurs, etc. Ces structures existent dans les IREM (Instituts de Recherche en Mathématiques), pour la recherche sur la compréhension des mathématiques mais dont les objectifs devraient pouvoir être étendus en Instituts de Recherche en Pédagogie. Va-t-on créer des IREV pour développer le vocabulaire ?

C'est, en effet, une restriction très forte et fausse que de voir dans les mathématiques la meilleure représentation de l'intelligence, comme jadis ce fut le cas pour le latin. Certaines écoles supérieures s'enorgueillissent de ne prendre que les baccalauréats de type C. Il est courant d'entendre des élèves de terminales, victimes de cette idée, dire : «On m'a *redescendu* en D ou en E, car je n'étais pas assez fort en maths». Cette conception conduit à une dévalorisation des autres professeurs, aussi bien que des élèves doués dans d'autres disciplines. Les développements considérables des sciences modernes, comme la biologie, l'économie, maintes fois couronnées par des Prix Nobel, ont une utilité sociale très importante. Quel critère permet d'affirmer qu'il est plus utile de savoir résoudre une intégrale que de savoir ce qu'est une protéine ou une mitochondrie ? Les vaccins et les antibiotiques ne sont pas une découverte des mathématiques...

Indépendamment de la place sociale que doivent avoir les mathématiques relativement aux autres sciences de l'enseignement (place que doivent aussi juger les représentants des institutions sociales et du monde du travail), nous avons vu que les mathématiques ne sont pas le seul «baromètre» (prédicteur) de la réussite scolaire. Notre étude sur le vocabulaire confirme des recherches antérieures indiquant que les sciences humaines ou de la nature (géographie, biologie) paraissent être les meilleurs prédicteurs de la réussite scolaire générale au moins jusqu'en Troisième. Si les mathématiques sont une des plus belles créations de l'intelligence humaine, ce serait créer un véritable «*apartheid*» intellectuel que d'ériger cette seule matière scolaire en chef de file des aptitudes intellectuelles.

Réussite et surcharge

Le remplissage de la mémoire est-il un gage de réussite ? Un manuel bien fait doit-il être exhaustif et se transformer en dictionnaire ou Atlas ? Pour le savoir, nous avons mis en relation deux classements : celui du nombre de mots par manuels (tableau 15, chapitre 6) et celui de la réussite. On se souvient que le Français et l'Histoire étaient les matières les plus chargées en termes de mots nouveaux (dans les manuels), elles sont respectivement sixième et dernière dans le classement de la réussite.

Classement Réussite		*Classement «Total mots»*
1er	Anglais	5e
2e	Physique	7e
2e	Mathématiques	8e
4e	Géographie	4e
5e	Instruction civique	3e
6e	Histoire	2e
7e	Biologie	6e
8e	Français	1er

La seule exception est la Biologie. Les livres sont pourtant remarquables, mais pêchent vraisemblablement par une complexité non perçue des spécialistes. C'est, en effet, la seule matière où la moyenne de mots jugés difficiles est en net désaccord entre les experts et les candides. Pour les candides, 50 % des mots sont difficiles (contre 27 % pour les experts). Pour cette matière, comme le font certains journalistes scientifiques, les éditeurs devraient faire appel au jugement de candides.

Le remplissage et l'exhaustivité ne sont donc pas des gages de réussite.

Vive la facilité !

Quels sont donc, dans les manuels, les facteurs de réussite ? La difficulté des mots est un facteur d'échec. Voici le classement de réussite (toujours aux tests de vocabulaire), en fonction du pourcentage de mots faciles (niveaux 1 + 2 + 3 ; cf. chapitre 6). Le pourcentage calculé sur la moyenne des experts, experts et candides étant en accord, sauf pour la Biologie où les candides sont meilleurs prédicteurs de la réussite. On constate que les matières les mieux réussies sont celles dont le pourcentage de mots faciles est grand. En Anglais, la première du classement de réussite, ce pourcentage est de 90 %. La facilité (au sens d'optimum par rapport aux capacités) est un facteur de la réussite.

Classement Réussite		*% mots faciles*
1er	Anglais	90
2e	Mathématiques	81
2e	Physique	70
4e	Géographie	59
5e	Instruction civique	55
6e	Histoire	46
7e	Biologie	50 *
8e	Français	49

* Le jugement moyen des candides

La valeur d'un manuel n'attend pas le nombre … de pages

Les matières les mieux réussies ont d'autres caractéristiques. Les manuels de langues (Anglais et Allemand), de même que celui de Physique ont un petit nombre de pages (Anglais : 175 p. ; Allemand : 160 p. ; Physique : 95 p.). Ces manuels sont en outre très proches de la mentalité de l'enfant de douze ans, en étant conçus sous forme de bandes dessinées, le genre de livre préféré des enfants (40 % chez les enfants de classe moyenne contre 34 % pour le roman ; 46 % contre 22 % pour les milieux populaires[1]). Quant au bon classement des Mathématiques, on peut y voir un rôle bénéfique des IREM dont les recherches inspirent plusieurs manuels.

Aux antipodes sont les manuels de français, dont les textes sont certainement très loin des livres préférés des enfants de douze ans. L'enquête récente du sociologue François de Singly indique que la lecture ne fait pas partie des loisirs préférés, avec 22 % de choix contre 55 % pour jouer avec des amis et 24 % pour regarder la télévision (enfants des milieux moyens). Que lisent les enfants de Sixième (douze ans) : des bandes dessinées, la bibliothèque verte ou rose, les «Castor poche» ou «Folio cadet», bref ils lisent les livres écrits pour eux. Il faut donc que les manuels leur soient adaptés, quitte à faire un manuel de l'élève et un manuel plus détaillé pour le professeur.

Centre d'Exploration du Temps, me recevez-vous ?

L'Histoire, dans le manuel que nous avons exploré (et qui n'est pas le manuel d'Histoire le plus épais), détient un curieux record, celui des mots difficiles, avec 64 % pour les experts (et 59 % pour nos candides). Cette évaluation ne porte que sur le vocabulaire ;

1. De Singly, *Lire à 12 ans*, Nathan, 1990.

qu'en aurait-il été si nous avions étendu cette recherche aux dates ? Les concepteurs de programmes et les rédacteurs de manuels surestiment les capacités des enfants (et même des élèves de terminales, avec des manuels d'Histoire et de Géographie qui totalisent 700 pages). Avec les documents des films et téléfilms, un enseignement plus concret serait possible ; un peu à l'image de certaine émission de télévision. À l'aide d'extraits de films, une machine à explorer le temps était transportée à travers l'Histoire par le Centre d'exploration du temps ; un groupe d'enfants «atterrissait» alors au siècle de Louis XIV ou de Napoléon... L'élève de douze ans se repère difficilement dans le temps et des recherches spécifiques à l'Histoire seraient utiles. L'exploration reste à faire, mais le centre d'exploration du temps n'existe pas.

Vous m'en mettrez pour cinq kilos

Si la surcharge existe en nombre de mots (environ 60 % des mots contenus dans les manuels de Sixième ne sont pas acquis ; cf. chapitre 7), elle a naturellement son équivalent dans le nombre de pages. C'est pourquoi nous avons compté[1] les pages des manuels en vigueur dans plusieurs établissements. Pour comparaison, le *Petit Larousse Illustré* totalise 1 680 pages. C'est, à quelques unités près, le nombre de pages de la série de livres d'un élève de Sixième. Pense-t-on réellement qu'il peut assimiler tout cela ? En Première, ils auront plus du double (3 857 pages). Même si l'on enlève les deux volumineux recueils de textes, il reste 2 864 pages.

La Première S apparaît une base, non de formation générale, mais de sélection des futurs terminales C, classes élitistes spécifiques du système français. Dès la classe de Première S, on découvre, par exemple, en Physique un programme qui est similaire à ceux d'études supérieures, avec plus qu'une initiation à l'électro-

1. Avec Paul Durand, principal adjoint du collège des Hautes Ourmes.

nique : les transistors, la cellule photo-électrique et l'amplificateur opérationnel qui est du programme d'IUT d'électronique. Des évaluations des connaissances (dépassant le seul vocabulaire) seront, à ce niveau aussi, certainement instructives, surtout lorsque l'observation courante montre que de telles connaissances abstraites en électricité n'empêchent pas un élève de faire disjoncter le compteur électrique en branchant des appareils de puissance excessive sans y voir une application simple d'une loi d'Ohm qui est supposée être acquise depuis longtemps.

Terminale	2 590 pages
Première	3 857 pages
Seconde	2 995 pages
Troisième	1 957 pages
Quatrième	1 836 pages
Cinquième	1 793 pages
Sixième	1 666 pages

Nombre de pages par série de manuels à chaque niveau du Secondaire

Chacun de nous a observé ces petits écoliers, dans l'autobus ou dans la rue, pliant sous leur gros cartable, au risque de déformer leur colonne vertébrale ; les étudiants d'université n'en ont pas de si gros ! Dans la pesée d'une série complète de manuels (jusqu'à la Troisième), la balance accuse régulièrement cinq kilogrammes. Pour trouver un poids équivalent, il faut ajouter sur la balance, le *Petit Larousse Illustré*, le *Quid* et le *Livre des records* !

On comprend dès lors l'explosion des collections de «résumés» pour les élèves des classes plus élevées : *Joker*, *Flash*, *ABC*, *Point BAC*, offrant, de manière plus synthétique, les formules et les exercices allant à l'essentiel. Les manuels actuels sont de véritables chefs-d'œuvre de culture, textes richement documentés et illustrés, mais le handicap de certains d'entre eux est la recherche de l'exhaustivité dans le cadre des programmes obligatoires. Le facteur qui contribue à la réussite n'est pas la difficulté mais la facilité. Faire plus simple pour les jeunes élèves, à l'instar de certaines éditions, diminuera la surcharge en mémoire et améliorera probablement la réussite pour de nombreux élèves, tout en allégeant le cartable.

Mémoire et réussite scolaire

La mémoire, en tant qu'ensemble de mécanismes de codage et de stockage des connaissances, est très impliquée dans la réussite scolaire, contrairement aux conceptions restrictives ou dévalorisantes d'une «mémoire par cœur». Le test des connaissances mémorisées par les vocabulaires spécialisés apparaît comme un excellent prédicteur de la réussite générale en Sixième (nos recherches se poursuivent sur les autres classes).

Mémoire et intelligence ne doivent donc pas être considérées comme des processus séparés mais interdépendants : la mémoire est le stockage des connaissances avec les mécanismes d'abstraction que cela comporte (mémoire sémantique) et l'intelligence, au sens strict de raisonnement, pourrait être la mise en relation entre ces différentes connaissances.

La réussite n'est pas le résultat de l'éclosion d'aptitudes qui «pousseraient» comme des plantes dans un milieu favorable, mais elle est le résultat de l'accumulation de connaissances que l'on choisit de faire apprendre. On pourrait comparer le cerveau à une bibliothèque dont les potentialités sont l'espace des rayonnages : la mémoire, ce sont les livres que l'on choisit pour alimenter ces rayons. Sans la mémorisation des connaissances, le cerveau serait un superbe espace documentaire, mais vide.

> Dans le passé, la mémoire a été dévalorisée, en étant réduite à la mémoire immédiate de chiffres ou à l'apprentissage par cœur. Mais la mémoire apparaît dans les études contemporaines comme extrêmement complexe et doit retrouver le statut de faculté précieuse et noble qu'on lui attribuait de l'Antiquité jusqu'à la Renaissance.

PETIT GLOSSAIRE À L'USAGE DES NON-INITIÉS

Articulatoire : relatif à la prononciation du langage ; utilise le larynx et les cavités pharyngienne et buccale. Articulatoire qualifie l'aspect moteur («imprimante» du langage) ou l'aspect sensoriel (position de la langue dans la bouche, etc.).

Auditif (ou **acoustique**) : relatif à la perception auditive (aigu, grave...) ; code à court terme en mémoire d'environ deux à trois secondes.

Analyse factorielle : analyse statistique qui permet de représenter, sous forme de facteurs, des ressemblances (à partir des corrélations). Le facteur général est le dénominateur commun qui ressemble le plus à l'ensemble des paramètres. L'analyse factorielle la plus connue est l'ACP : Analyse en Composantes Principales.

Apprentissage : mémorisation successive, en plusieurs essais, des mêmes informations.

Capacité limitée : nombre maximum d'éléments pouvant être stockés dans un système. En mémoire à court terme (rappel immédiat après une seule présentation), la capacité est d'environ 7 pour des mots familiers et de 9 pour des dessins chez les adultes.

Cible (**information**) : désigne l'information qui a été apprise.

Code : correspondance entre deux systèmes de symboles ou d'informations. Par exemple, la correspondance entre les panneaux de la route et leurs instructions, entre les lettres et leur prononciation.

Corrélation (**coefficient** de) : mesure statistique de la ressemblance entre deux matières (entre deux variables) qui varie par convention de 0 (aucune ressemblance) à + 1 (ressemblance parfaite ; ou – 1 : relation inverse parfaite) : .80 (usage en statistique pour dire 0,80) est une forte corrélation ; .30 est une faible corrélation (on prononce «point 80 ou point 30»).

Distribution : courbe en statistique permettant la visualisation des effectifs (nombre d'individus) ; les notes sont en abscisse (axe horizontal) et les effectifs sont en ordonnée (axe vertical).

Épisodique (**mémoire**) : enregistrement individualisé d'une information dans son contexte spécifique d'apparition (par exemple, le mot «avion» dans telle brochure de voyage). Les informations épisodiques ressemblantes (tous les mots «avion») sont rapidement fusionnées en mémoire et l'oubli de nature épisodique est rapide.

Générique (**mémoire générique** ou **mémoire sémantique**) : concept ou souvenir abstrait de plusieurs épisodes, le concept d'avion est l'ensemble des caractéristiques fréquentes ou caractéristique des épisodes «avion».

Lexicale (**mémoire** ou **code**) : module de la mémoire contenant le vocabulaire et intégrant diverses caractéristiques de la morphologie des mots, orthographiques (ou visuo-graphiques), phonémiques (ou phonétiques), articulatoires. La mémoire lexicale est conçue comme séparée de la mémoire sémantique, mais intimement reliée à elle.

Mémoire : ensemble des systèmes biologiques et psychologiques qui permettent le codage, le stockage et la récupération des informations. La mémoire est composée de nombreux modules reliés par des systèmes de communications (interfaces).

— **Mémoire à court terme** : système dont le contenu s'efface brutalement dans une courte durée. La mémoire étant composée de nombreux modules, chaque module a un fonctionnement à court terme.

— **Mémoire à long terme** : système dont le contenu décroît (oubli) progressivement sur une longue période allant de quelques minutes à plusieurs jours ou années selon les informations. La mémoire étant composée de nombreux modules, chaque module a un fonctionnement à long terme.

Optimum : nombre limité d'informations dosé pour le meilleur fonctionnement des mécanismes.

Organisation : mémorisation ou apprentissage par petits groupes d'informations ne dépassant pas la capacité limitée de la mémoire à court terme (par exemple, petites catégories ou petits paragraphes).

Orthographique : relatif aux séquences des lettres dans un mot. Orthographique n'est pas synonyme de visuel, qui est un code sensoriel non nécessaire à l'identification du mot (grandeur des lettres, type des caractères, couleur...).

Oubli : incapacité de récupérer les informations en mémoire. Les causes sont diverses : absence de codage ou manque d'indices de récupération. L'oubli est normal en l'absence de causes pathologiques.

Phonémique (ou **phonétique**) : relatif aux catégories de sons qui composent les mots d'une langue. Phonémique n'est pas synonyme d'auditif (ou acoustique), qui est un code sensoriel non nécessaire à l'identification du mot (voix féminine ou masculine, accent régional...).

Piège : information non apprise mélangée à l'information cible dans la technique de reconnaissance.

Rappel : technique de récupération où aucun indice spécifique n'est fourni : c'est le rappel oral ou écrit (examen classique). Dans un sens courant, non technique, «rappeler» est synonyme de «récupérer».

— **Rappel indicé** : technique de récupération avec indices spécifiques, indices alphabétiques, sémantiques, imagés (par exemple, l'album photo permet de retrouver des souvenirs).

Reconnaissance : mode de récupération le plus efficace qui consiste à présenter l'information cible parmi des pièges (on se rappelle d'un film à la vue de certaines séquences).

Récupération (**processus** de) : processus par lesquels une information (par exemple, un mot, une date...) est recherchée en mémoire et restituée. Il existe trois grandes catégories : le rappel, le rappel indicé et la reconnaissance.

Répétition : nombre de fois où la même information est présentée pour être enregistrée.

Sensorielle (**mémoire** ou **code**) : mémoire stockant des informations codées par les organes sensoriels ; par exemple, la couleur des mots (visuel), le son de la voix (auditif). Ces aspects sont éphémères, sauf s'ils sont recodés verbalement (par exemple, cerise *rouge*, citron *jaune*).

Sémantique (**mémoire** ou **code**) : relatif au sens des informations. Mémoire abstraite qui permet la liaison entre les images et les mots. C'est la mémoire qui résiste le mieux à l'oubli et probablement celle qui a la plus grande capacité.

Significatif (**statistiquement**) : par suite des variations naturelles entre les mesures (un élève n'aura pas la même note dans deux conditions similaires, un correcteur ne mettrait pas exactement la même note à deux copies identiques), il existe des tests de signification statistique qui évaluent si une différence (par exemple, entre deux matières, entre deux classes) est supérieure aux variations dues au hasard. Classiquement, on juge significatif un résultat qui n'a que 5 % de chances d'être dû au hasard (on dit significatif à .05).

Stockage : processus d'enregistrement et de maintien dans le temps des informations ; équivalent au sens courant de **mémoire**.

— **Stockage à court terme** : synonyme de mémoire à court terme.

— **Stockage à long terme** : synonyme de mémoire à long terme.

Subvocalisation : vocalisation inconsciente mais mesurable (par mesure électrophysiologique de l'activité du larynx) ou apparente par les effets négatifs d'une concurrence vocale (par exemple, répéter lalalalala pendant la lecture).

Surapprentissage : apprentissage dont les répétitions sont extrêmement nombreuses (par exemple, gammes du pianiste).

Surcharge : quantité excessive d'informations par rapport à un optimum de fonctionnement.

Technique (**vocabulaire**) : relatif au vocabulaire spécialisé (par exemple, «barrage» en Physique ou Géographie) et relatif au vocabulaire nouveau par rapport au vocabulaire courant à l'entrée en Sixième.

Verbal (**mémoire** ou **code**) : désigne les informations du langage parlé. Le verbal est composé (comme l'atome de protons, neutrons, électrons) des codes lexical (lui-même étant composite) et sémantique ; verbal est utilisé lorsqu'il n'y a pas lieu de dissocier les codes, notamment lexical et sémantique, par exemple lorsqu'on le compare au code imagé.

Visuel (ou **iconique**) : relatif à la perception visuelle (taille, forme, couleur…) ; code éphémère en mémoire, inférieur à 1/2 seconde (sauf s'il est recodé verbalement ; par exemple, la cerise est rouge).

LECTURES CONSEILLÉES

Baudet, S., Denhière, G. - «Le diagnostic du fonctionnement cognitif dans la compréhension de texte», *Glossa*, 1990, n° 19.
Article court présentant de façon compréhensive les conceptions récentes sur la mémoire des textes, en fonction des recherches sur les représentations dans la perspective de l'intelligence artificielle.

Bramaud du Boucheron, G. - *La mémoire sémantique de l'enfant*, Paris, P.U.F., 1981.
Livre de synthèse sur les représentations sémantiques chez l'enfant ; très documenté, mais accessible.

Denis, M. - *Image et cognition*, Paris, P.U.F., 1989.
Livre de synthèse sur l'imagerie mentale par le meilleur spécialiste français de la question. L'ouvrage est parfois technique et plutôt réservé à des étudiants de niveau élevé, mais rien n'empêche de survoler les passages plus techniques.

Ehrlich, S. - *La capacité d'appréhension verbale*, Paris, P.U.F., 1972.
Stéphane Ehrlich a été le directeur du Laboratoire de Psychologie expérimentale de l'Université de Poitiers. Il a longuement travaillé sur la mémoire et ses rapports avec le langage. Il a été le premier en France à travailler sur les mécanismes d'organisation et à montrer que même l'apprentissage «par cœur» nécessitait des mécanismes d'organisation. C'est un classique dans le domaine de l'apprentissage verbal.

«L'installation du découragement». *Science et Vie*, numéro spécial «L'enfant et l'échec scolaire», septembre 1988.
Article de vulgarisation démontrant dans un style clair par des expériences rigoureuses l'abaissement des performances de l'élève placé devant un objectif trop élevé.

Sémantique et mathématiques, Paris, Nathan, 1990.
Ouvrage très instructif montrant que la mémoire apparaît aussi dans les mathématiques.

Fayol, M. - *Le nombre et l'enfant*, Neuchâtel, Delachaux et Niestlé, 1990.
Synthèse très complète des recherches sur les opérations mentales sur le nombre, par un chercheur qui fut instituteur ; c'est dire qu'il connaît la question par la théorie et par les travaux pratiques. On découvre aussi que les opérations mathématiques «utilisent» plus la mémoire qu'on ne le croyait jusqu'à présent.

Lieury, A. - *Manuel de Psychologie générale*, Paris, Dunod, 1990.
Synthèse des principales connaissances en psychologie scientifique sous la forme d'un manuel scolaire, avec un QCM (questionnaire à choix multiple) en fin d'ouvrage. Ce manuel est destiné à fournir les connaissances de base nécessaires aux étudiants de 1er cycle de psychologie, mais aussi aux futurs instituteurs qui dans le cadre des IUFM (Instituts Universitaires de Formation des Maîtres) auront vraisemblablement une formation générale en psychologie. Le chapitre sur la mémoire est naturellement conseillé pour les lecteurs désirant en savoir plus sur les mécanismes fondamentaux.

Les méthodes pour la mémoire, Paris, Dunod, 1992.
Tout ce que vous voulez savoir ou presque sur les méthodes de la mémoire ; historique, bilan et évaluation.

Piaget, J., Inhelder, B. - *Psychologie de l'enfant*, Paris, P.U.F., 1966.
Toute l'œuvre de Piaget résumée avec une grande clarté en 125 pages d'un «Quc sais-je ?». Que demander de plus !

Mémoire et intelligence, Paris, P.U.F., 1968.
Ouvrage technique démontrant que les enfants n'ont pas une meilleure mémoire que les adultes contrairement à une légende populaire tenace. Piaget n'est pas le premier à l'avoir dit ou démontré, mais dans ce livre avec Inhelder, il montre que la mémoire n'est pas une photographie du réel, au contraire certains souvenirs sont «codés» en fonction du développement des opérations mentales (classification, sériation, etc.).

Reuchlin, M. - *Psychologie*, Paris, P.U.F., 1981.
Cet ouvrage est une présentation plus encyclopédique des grands domaines de la psychologie. Plus détaillé qu'un simple manuel, les grands chapitres de la psychologie sont souvent présentés à travers plusieurs approches théoriques : behaviorisme, psychologie du développement, éthologie, psychologie différentielle.

La Psychologie différentielle, Paris, P.U.F., 1990.
En tant qu'ancien directeur du Laboratoire de Psychologie différentielle et de l'Institut d'Orientation scolaire et professionnelle, l'auteur est le mieux placé pour présenter l'évolution historique de la psychologie différentielle dans le monde et en France, ainsi que les grands résultats et perspectives de ce domaine. Mais c'est un domaine où les recherches portent souvent sur des grands nombres, avec des notions statistiques et méthodologiques qui ne sont pas toujours aisées à simplifier.

Richard, J.F. - *Les activités mentales*, Paris, Armand Colin, 1990.
Synthèse remarquable de ce qu'on appelle ordinairement l'intelligence, vue dans la perspective du traitement de l'information et de l'intelligence artificielle. Pas toujours facile, mais là encore, on peut papillonner de pages en pages : entre tout savoir et ne rien savoir, il y a savoir un peu.

Rossi, J.P. *et al.* - *Les Méthodes de la psychologie expérimentale*, Paris, Dunod, 1989.
Quelques bases de la méthodologie scientifique en psycholo-

gie : raisonnement expérimental, plans d'expérience, dans un langage simple avec des exemples concrets ; l'ABC du parfait petit méthodologiste !

Vezin, L. - *Communication des connaissances et activité de l'élève*, Presses universitaires de Vincennes, Saint-Denis, 1986. Synthèse très complète et claire de nombreuses recherches en psychologie et pédagogie expérimentale sur les modes de représentation et d'apprentissage des connaissances. L'auteur (Liliane) et Jean-François Vezin ont eux-mêmes réalisé de nombreuses recherches dans ce champ commun à la psychologie et à l'éducation que sont les apprentissages de connaissances.

Tous ces livres contiennent des bibliographies qui permettront au lecteur intéressé de développer sa propre recherche bibliographique et de l'étendre aux auteurs que je n'ai pas cités par souci de simplification.

Imprimerie GAUTHIER-VILLARS, Paris
Dépôt légal, Imprimeur, n° 4307
Dépôt légal : novembre 1994 *Imprimé en France*
Dépôt légal 1re édition : 1er trimestre 1991